artdigilandbooks **saggi**

**Fabrizio Crisafulli**
# IL TEATRO DEI LUOGHI
## Lo spettacolo generato dalla realtà

art.digiland.com

**Artdigiland Ltd**
Founder and Director: Silvia Tarquini
23, Griffith Downs - The Crescent
Drumcondra
Dublin D9
Rep. of Ireland
www.artdigiland.com
info@artdigiland.com

Fabrizio Crisafulli
**IL TEATRO DEI LUOGHI**
Lo spettacolo generato dalla realtà

prefazione di Raimondo Guarino
con un testo su danza e luogo di Giovanna Summo

editing e redazione: Silvia Contorno

grafica e impaginazione: Michela Tranquilli

in copertina:
Giovanna Summo in *Le Acque*, regia di Fabrizio Crisafulli, Selva di Paliano (FR), 1998 (foto Massimo Siragusa)

© 2015 Artdigiland Ltd
one frame one spirit one stream

© 2015, **Fabrizio Crisafulli e altri autori**

*La questione è cosa vuole il luogo,
non cosa vogliamo noi*
James Hillmann

## Indice

11 Il fossile e il cristallo
Prefazione
di Raimondo Guarino

19 Teatro diffuso, teatro relazionale
Introduzione

**IL TEATRO DEI LUOGHI: LO SPETTACOLO GENERATO DALLA REALTÀ**

27 Etna
29 Persone, "voci", parole
38 L'ambiente, le "cose"
42 Un caso particolare: il teatro dei luoghi nei teatri all'italiana
47 Teatro di palcoscenico e teatro dei luoghi: unità dei principi e differenze nelle condizioni operative
51 Tempo, memoria, immaginario
55 Il teatro dei luoghi e la storia
61 Luogo e drammaturgia
66 Un teatro di poesia
68 Differenze e affinità rispetto ad altri approcci al luogo
75 Determinanti "esterne" al sito

| | |
|---|---|
| 83 | Lo scambio luce-luogo |
| 94 | L'apporto del "locale" ai modi d'uso delle nuove tecnologie |
| 100 | Il luogo generatore di suoni |
| 107 | L'ascolto, la regia e il lavoro con gli attori |
| 115 | Il pubblico dei luoghi |
| 120 | Teatro e realtà |

**APPENDICE**

| | |
|---|---|
| 137 | Il luogo come testo (1993) |
| 143 | La danza, lo spazio, il luogo di Giovanna Summo |

**APPARATI**

| | |
|---|---|
| 167 | Schede dei lavori realizzati 1991-2014 |
| 203 | Crediti fotografici |

# Il fossile e il cristallo
## Prefazione
di Raimondo Guarino

Accade di dover riflettere su teatri e luoghi a intervalli di tempo regolari, criticamente e continuamente. La riflessione non alimenta direttamente la pratica, ma la sorveglia. Impedisce l'abuso del linguaggio, la memoria confusa, l'oblio dei moventi e dei fattori essenziali. Leggo spesso di performance che si descrivono come *site-specific* semplicemente perché sono pensate e progettate in uno spazio definito. In qualche modo è un sintomo, che assomiglia a una rivendicazione ma testimonia, quasi sempre, di un'accezione distorta dei legami tra azioni e contesti. Rispetto al retaggio concettuale e operativo dei due libri che ho curato sull'argomento (le esperienze di cui si trattava in *Teatri Luoghi Città* del 2008 e in *Teatro dei luoghi* del 1998 gravitavano intorno all'anno 2000)[1], credo che si debba ragionare in termini etologici, non estetici o sociologici. Trovo sempre difficile spiegare agli studenti che il significato delle esperienze che si studiano in quei testi non è: «Il teatro, finalmente, fuori dagli edifici teatrali». Si tratta di una sintesi impropria che deriva da un'ignoranza del passato e delle varietà delle tradizioni e delle tecniche. In ogni caso devo spiegare: l'essenziale è che chi fa teatro cerchi di cambiare, negoziare, produrre il proprio ambiente, il proprio territorio, il proprio raggio d'azione. Quindi la questione del teatro e del *site-specific* rimanda a una revisione generale dell'equilibrio tra spazi istituzionali, neutri, indipendenti e autogestiti, tra luoghi propri, terre di nessuno e luoghi altrui. In questo senso la definizione allargata e abusata del termine è insufficiente. Perché il processo rilevante va al di là del luogo di produzione che si sovrappone e che si impone alla manifestazione dello spettacolo: significa spazio di vita, di lavoro, di conoscenza. D'altro canto la nozione di *paesaggio* di cui discutono sempre più ossessivamente economisti, assessori e dottorandi di architettura è una questione di sguardo. Sguardo istituzionale, categoria dello spazio pubblico, lemma del sapere. Ma l'artefice di teatro, quando lavora sul territorio, lavora su altro. Le facoltà che si attivano nei sopralluoghi e nelle modifiche transitorie di un contesto materiale sfociano su un apparente paradosso: il tempo lungo dell'azione che chiede sostanza e verità al terreno. Pertanto la relazione con lo spazio che interessa è una relazione profonda, ed è un criterio di profondità che deve guidare la selezione, la valutazione e la testimonianza delle esperienze.

Nel raccontare le fasi di lavorazione di spettacoli che hanno fatto epoca nella storia dell'avanguardia americana o dei grandi gruppi europei, spesso si inciampa in espressioni ricorrenti, che assumono la necessità di uno spazio vuoto come condizione preliminare. La forza e la necessità del processo di demarcazione del territorio della creazione e dell'identità stanno spesso nelle reazioni alla resistenza di un luogo estraneo, nel contrasto con la rete di esperienze depositate. Con un contesto di lavoro che non può essere negato, ma che deve essere assorbito. Il significato dominante dell'introduzione al libro del 2008[2] è che in numerose ed eterogenee imprese di elaborazione degli spazi, intorno al 2000, l'attenzione al luogo fosse, da un punto di vista etologico, il risultato di un'esigenza di demarcazione e di resistenza, insomma la ricerca di un recinto, di una posizione operativa e identitaria, più che un'aggressione della realtà quotidiana, come era stato nei movimenti caratterizzanti degli anni dal 1960 al 1980. Al seguito di quelle premesse, si sono verificati episodi di enorme rilevanza,

prefazione

come la Primavera Romana guidata da Stalker nel 2009, che hanno avuto effetti di spostamento incalcolabili o risonanze nella visione cinematografica, narrativa, politica della campagna urbana sulle sponde del GRA. Effetti che producono nuovi sfondi e altre insorgenze dei fasti romani, scanditi da movimenti di occupazione e gestione di sale teatrali e cinematografiche dismesse, da sgomberi e chiusure di luoghi alternativi di produzione di spettacolo. Fenomeni su cui già si sedimenta, oltre il dibattito, uno spesso strato di sondaggi e analisi.

Sembra contemporaneamente tramontato, o ridimensionato, anche l'investimento di iniziative pubbliche e di mandati di riabilitazione di siti da parte di operatori delegati dalle istituzioni, secondo i modelli europei del *community play*. Ma non scrivo qui per impostare un *dossier* romano. Le coppie di opposti interno/ esterno, estraneo/proprio, spazio della città/spazio del fare teatro, riguardano ancora le condizioni basilari, i presupposti del gesto creativo. La mitologia del luogo vuoto che si anima nell'avvento dei soggetti che creano, nella connessione delle correlazioni acquisite, è il complemento simmetrico della ricerca di resistenza esterna, verso il recinto invisibile che protegge la profondità dell'azione.

I termini heideggeriani dell'abitare (come essenza del valore del costruire) e dello svuotare (come operazione preliminare dello scolpire in relazione allo spazio; ne ho già parlato nell'introduzione a *Teatri Luoghi Città*) restano soprassalti di lirica del pensiero se non si riferiscono a processi e direzioni di orientamento concreto. Come scriveva Stanislavskij a proposito del presupposto del corpo (dell'entità che nell'area di Grotowski si trasforma nel corpo-memoria), il materiale dell'azione fisica è *già lì*. Allora che cosa c'è nello spazio svuotato dalla percezione, assorbito dall'ascolto, nello spazio designato come ambiente della creazione? Che cosa si coglie come fattore di resistenza, e come scena di una relazione primaria, nello stato nascente del processo di creazione?

Credo che esistano due strade riconoscibili, e compresenti in misura diversa, nelle esperienze di rivelazione dell'identità del luogo per azioni e trasformazioni. Due esperienze destinate a restare come punti di riferimento.

Attribuisco questo dualismo schematico, ma non esclusivo, a due profili artistici tanto consolidati da una lunga pratica quanto consapevoli e documentati da una riflessione incessante: Mike Pearson e Fabrizio Crisafulli. L'opera di Mike Pearson m'interessa in quanto proposta di autoanalisi che associa archeologia, drammaturgia e performance. Per citare una definizione dall'ultimo compendio dell'opera e del pensiero di Pearson: «Luogo è uno spazio in cui sono state dette parole importanti, che hanno stabilito identità, sancito una vocazione e configurato un destino. Luogo è uno spazio in cui sono stati scambiati auspici, sono state fatte promesse e poste domande»[3]. La ricerca delle tracce, dei segni di una vita anteriore che qualificano il luogo come sede di un'azione potenziale, e nello stesso tempo di un ritorno, rimanda non a un semplice stato di cose preesistente ma a un sostrato biologico, e in un certo senso, per il linguaggio adottato, a una preesistenza rituale. Nella materia lavorata dal tempo c'è scritto qualcosa, e se ne rianima il codice nel presente. Si delinea una presenza che Ernst Jünger ha chiamato il «fossile-guida»[4], come impronta dell'umano che produce strati e tracce nella storia naturale del mondo.

La via di Pearson consiste nel drammatizzare, dare voce, mostrare la traccia del vivente che è stato. Nello scavo dell'archeologia che riporta alla luce, non della narrazione che ricostruisce. Questa è la via del fossile, dell'impronta di una vita anteriore da riempire e ridestare. Poi c'è un'altra via che legge, evidenzia e avvalora altri segni. Strutture, matrici, relazioni reali. Sono le parole e le formule che Crisafulli ha adottato per descrivere la sua concezione del «teatro dei luoghi», e del luogo come testo, come matrice. Il «territorio di scoperte» creato dalle «relazioni reali che le persone instaurano» con il luogo[5]. Una dimensione che racchiude la configurazione latente, la struttura che sprigiona nuclei, diagrammi e alfabeti di percorsi e relazioni. Chiamo questa rivelazione la via del cristallo, perché riguarda un ordine nascosto, permanente, impersonale, che si illumina e attiva persone e cose, agenti e azioni secondo «linee energetiche di forze preesistenti»[6].

prefazione

Le alternanze della traccia e del segno, della reliquia e della struttura ci costringono comunque a guardare la memoria che sta al di fuori delle nostre menti, il tempo vissuto impresso e depositato nei luoghi, in forma di fossili e cristalli. Con il segno di Crisafulli, con lo scavo di Pearson, si leggono modalità complementari della reversibilità del tempo che avvolge e dichiara la vita del luogo.

Nello sguardo dell'etnografo, la rovina delle cose consente e celebra la contemplazione della dimensione della durata, del «tempo puro»[7]. Ma il tempo puro manifestato nella percezione delle rovine è l'opposto del tempo ritrovato e reinventato nel lavoro dell'azione sul campo. Il senso politico del teatro oggi è il lavoro sul campo (della relazione, della conoscenza, dell'osservazione) tradotto in azione.

Dai convegni contemporanei sul paesaggio, ho tratto la convinzione che la riflessione sulle trasformazioni provvisorie degli spazi pubblici, quando vengono contemplate o analizzate dal punto di vista di una proiezione nel futuro (Progetto? Utopia? Esperimento?), risultano sterili e incomprensibili; o vengono espropriate dalle valutazioni sulla sostenibilità, sull'accredito funzionale, sulle finalità immediate di eccitazione superficiale dello spettacolo nel sito urbano. Insomma da una declinazione dell'intrattenimento collettivo scambiata per coscienza civica. In sostanza, come scriveva Renato Nicolini nel 1991, in dense pagine di bilancio sull'esperienza dell'Estate Romana, quando si sono moltiplicati i fattori esteriori della mobilitazione festiva, e, potremmo aggiungere, si è aperta la zona funzionale dell'arte pubblica, sono stati accantonati i grandi temi, e rimosse, illusoriamente, le immani tensioni della cultura urbana. Sono questioni da riprendere anche per stigmatizzare la degenerazione delle politiche culturali. Ma per adesso ci basti osservare con realismo i margini di sopravvivenza. La responsabilità dei progetti che operano in profondità, per astrazioni e sospensioni, sui luoghi della convivenza, attraverso l'esperienza dei territori della creazione, non si confonde con la città futura. Riguarda il senso del tempo della città quando si interroga il valore concreto degli spazi comuni.

15

il teatro dei luoghi

La dimensione dell'abitare il luogo riabilita il fare artistico nella consapevole gestione del mondo com'è. Il senso del teatro pensato e praticato sul campo riguarda e coinvolge la necessità di ricreare gli orizzonti dell'esperienza; e l'accumulazione selettiva e concreta delle memorie. Sono questi fattori a rendere ancora plausibile, senza le illusioni del passato recente, l'efficacia di ipotesi di teatro nella strategia degli spazi pubblici.

1. *Teatri Luoghi Città*, Officina, Roma, 2008; *Teatro dei luoghi: il teatro come luogo e l'esperienza di Formia, 1996-98*, Gatd, Roma, 1998.
2. *Luoghi e azioni: introduzione a un'inchiesta*, in *Teatri Luoghi Città*, cit.
3. M. Pearson, *Site-specific Performance*, Palgrave MacMillan, Basingstoke, 2010, p. 108.
4. Cfr. E. Jünger, *Al muro del tempo* (1959), Adelphi, Milano, 2000.
5. *Conversazione con Fabrizio Crisafulli*, in S. Tarquini (a cura di), *Fabrizio Crisafulli: un teatro dell'essere*, Editoria & Spettacolo, Roma, 2010, pp. 27-28.
6. *Ibidem*, p. 59.
7. Cfr. M. Augé *Le temps en ruines*, Galilée, Paris, 2003.

prefazione

Simona Lisi e Lucrezia Valeria Scardigno durante le prove
di *Die Schlafenden*, Tonhof, Maria Saal (Austria), 2013
e, in alto, Giovanna Summo e Fabrizio Crisafulli
durante le prove di *Le Acque*, Selva di Paliano (FR), 1998

# Teatro diffuso, teatro relazionale
## Introduzione

Questo libro nasce dalla rielaborazione e dall'ampliamento di un saggio le cui precedenti versioni sono state pubblicate rispettivamente nel 2001 e nel 2008[1], e costituisce un tentativo di ulteriore precisazione dei caratteri e delle modalità operative del particolare tipo di ricerca che ho chiamato "teatro dei luoghi"[2].

Alla comprensione di questo tipo di approccio contribuiscono continuamente le esperienze concrete dei singoli spettacoli, che portano ad individuare ogni volta nuovi aspetti della ricerca e correzioni di tiro nella sua (auto)interpretazione. A questo si aggiungono le variazioni indotte, in quei caratteri e in quelle modalità, dalle trasformazioni di contesto e dai cambiamenti nella vita contemporanea, nelle relazioni sociali e comunicative, nelle tecnologie.

Nel corso degli anni il teatro dei luoghi si è confrontato con questioni in divenire; prime fra tutte quelle legate allo sviluppo mediatico, alla perdita di contatto della vita quotidiana rispetto ai luoghi, alle criticità che le nuove forme di comunicazione a distanza e i social network creano, accanto a nuove opportunità, sul piano delle relazioni umane e dei modi di sentire lo spazio. Questioni che, ridefinendo in maniera sostanziale i modi e le presenze del corpo e del luogo nella realtà, incidono in maniera profonda anche sul teatro ed il suo operare.

Il testo originario è stato aggiornato con informazioni e riflessioni sulle esperienze di spettacolo e di laboratorio condotte negli anni più recenti, ed è stato integrato con parti di nuova elaborazione, riguardanti in particolare le questioni della drammaturgia, della struttura poetica dello spettacolo, del lavoro con gli attori, dell'apporto poetico del "locale" all'uso delle nuove tecnologie, delle relazioni con il pubblico.

Prima di stilare un elenco, in punti essenziali, di quelle che sono le principali caratteristiche del teatro dei luoghi qui individuate, premetto che il "luogo" di cui si parla, e a partire dal quale il lavoro viene elaborato, non è costituito solamente dal luogo fisico dove lo spettacolo viene creato e presentato al pubblico, ma dall'insieme delle relazioni in esso presenti: la vita, la natura, gli edifici, le persone, le funzioni, i caratteri, le memorie che lo compongono. Un insieme di elementi al quale il teatro dei luoghi attribuisce un ruolo generativo paragonabile a quello assegnato al testo in altro tipo di teatro. Va infine precisato che, essendo la compagnia a sua volta un "luogo", un luogo di rapporti, in questo tipo di lavoro si incontrano due diversi ambiti relazionali: il gruppo di lavoro e il sito. Nell'intervento teatrale si intrecciano quindi i rapporti propri del sito, quelli tra il sito e la compagnia, e quelli interni alla compagnia mentre lavora nel sito. Ed è questo insieme di relazioni a diventare, durante il processo, il "luogo" che funge da matrice dello spettacolo. La sua realtà generatrice.
Le caratteristiche del teatro dei luoghi, come qui inteso, sono, brevemente, le seguenti:
- assunzione del "luogo", ovvero del complesso di relazioni sopra indicate, quale tessuto generativo della creazione;
- costruzione dello spettacolo, pur in presenza di un progetto, principalmente nel corso delle prove e nelle relazioni che prendono vita sul posto;
- struttura drammaturgica di tipo poetico, non narrativo;
- attore profondamente partecipe del "luogo", immerso nelle sue relazioni, a partire dalle quali il suo lavoro prende avvio;
- luce, suono, tecnologie come elementi in rapporto di scambio col sito;

introduzione

- pubblico come componente sostanziale e costitutiva del "nuovo luogo" creato dallo spettacolo.

Come ho potuto constatare, la definizione "teatro dei luoghi" è stata a volte attribuita semplicemente al teatro che si svolge fuori dagli edifici teatrali (dello stesso fraintendimento mi sembra soffra la definizione *site-specific theatre*). Questa interpretazione non individua alcuna specificità, dal momento che il teatro fuori dai teatri, nella storia, c'è sempre stato, in numerose e differenti forme; e, peraltro, nell'accezione che qui espongo, il "teatro dei luoghi" può essere realizzato anche all'interno degli edifici teatrali. Quello che lo caratterizza non è infatti la scelta dello spazio dove si fa lo spettacolo, ma l'idea stessa di "luogo" e lo specifico modo che il lavoro ha di relazionarsi ad esso, che segue gli stessi principi qualsiasi sia il sito prescelto.

Non si tratta qui neanche di stabilire le coordinate di un "genere". È molto lontana da me l'idea che il teatro dei luoghi possa configurarsi come tale. Il tentativo di auto-analisi e comprensione delle sue modalità operative spero possa piuttosto contribuire alla riflessione su questioni più ampie che riguardano il teatro attuale. Innanzitutto, le questioni relative ai rapporti tra spettacolo e realtà, che il teatro dei luoghi mette in gioco su diversi piani. Poi, le ragioni che stanno dietro quello che oggi si potrebbe definire "teatro diffuso": un teatro che attecchisce tendenzialmente ovunque e la cui creazione può prendere corpo in base agli spunti più diversi, senza legami necessari, o comunque senza rapporti convenzionali, col testo drammatico e con i luoghi destinati allo spettacolo.

Un'altra questione affrontata è quella delle nuove tecnologie e della capacità che il "locale" può avere di influenzarne i modi d'uso, mettendo ad esempio in relazione di scambio la dimensione fisica e quella digitale: tema rilevante in sé e anche in rapporto alla questione del teatro diffuso. Negli ultimi decenni, si è infatti assistito a una disseminazione degli spettacoli urbani che sembra quasi aver dato alla città una nuova "veste", non sempre effimera, attraverso l'utilizzazione di nuove tecnologie. Si è parlato in proposito di *light city*, "città in allestimento", *augmeted city*. Questo movimento è, da un lato, carico di stimoli e di un potenziale nuovo pensiero, ma, dall'altro, è tra i fenomeni a volte portatori di atteggiamenti discutibili, puramente opportunistici nei confronti dei siti, oltre che di fraintendimenti per quanto riguarda le differenze, ad esempio, tra arte e comunicazione, teatro e intrattenimento. Pur avendo in certi casi prodotto soluzioni significative e dense, questo tipo di operazioni si sono fatte in generale veicolo di un diffuso gusto effettistico – alimentato dalla facilità con la quale i nuovi software permettono di ottenere soluzioni accattivanti – che, oltre a riportare l'uso delle tecniche indietro nel tempo, ad una funzione sensazionalistica e di display tecnologico che fa pensare alle *féeries* di fine Ottocento, si lega a letture superficiali delle situazioni in cui opera e ad una sostanziale indifferenza rispetto ai luoghi.

Quanto alla definizione "teatro relazionale" contenuta nel titolo di questa introduzione, l'aggettivo potrebbe apparire pleonastico perché il teatro è "relazionale" per sua natura, ma credo che il suo uso sia giustificato dal ruolo importante e specifico che le relazioni hanno nel teatro dei luoghi, e al fatto che esse si attuino su piani che non sono solo quelli consueti del teatro.

C'è inoltre un voluto riferimento all'*arte relazionale*[3], motivato dalle affinità che si possono stabilire tra il teatro dei luoghi e questo modo di operare artistico, diffusosi a partire dagli anni Novanta del secolo scorso, basato sull'intersoggettività e l'interscambio, e che non agisce solo negli spazi deputati all'arte.

In appendice ripropongo *Il luogo come testo*, un mio articolo del 1993 che espone alcune delle riflessioni che, accanto alla pratica degli spettacoli, sono state per me alla base dell'elaborazione delle modalità operative del teatro dei luoghi. Mi pare che mantenga ancora una certa attualità e spero possa contribuire a chiarire le tematiche affrontate nel libro[4].

Il volume contiene *La danza, lo spazio, il luogo*, un testo della danzatrice e coreografa Giovanna Summo, che per dieci anni ha condiviso con me la direzione artistica della compagnia ed

introduzione

il progetto "teatro dei luoghi", elaborando di quest'ultimo, in particolare, gli aspetti relativi al corpo e alla danza, affrontati in maniera coerente rispetto al suo percorso personale, che qui viene analizzato[5].

1. *Teatro dei luoghi: che cos'è?*, in «Teatro e Storia», anno XV, n. 22, 2001 e *Teatro dei luoghi: riflessioni a partire dalla pratica*, in R. Guarino (a cura di), *Teatri luoghi città*, Officina, Roma, 2008.
2. Le prime formulazioni di questa idea si trovano in *L'onda*, «Juliet Art Magazine», n. 63, giugno 1993 (qui riportato in appendice col titolo *Il luogo come testo*, che aveva in una pubblicazione successiva), e in *Per un teatro dei luoghi*, «Opening», n. 32, autunno 1997.
3. Cfr. N. Bourriaud, *Estetica relazionale* (1998), Postmedia, Milano, 2010.
4. Vedi nota precedente.
5. Il testo è l'ampliamento e la revisione di *La danza e il luogo*, in R. Guarino (a cura di), *Teatro dei luoghi. Il teatro come luogo e l'esperienza di Formia, 1996-98*, Gatd, Roma, 1998.

# Il teatro dei luoghi
## Lo spettacolo generato dalla realtà

Fotogrammi dal film di scena de *Il Pudore bene in vista*, Etna, 1991.
Nell'immagine: Ramona Mirabella, Giusi Gizzo, Maria Giovanna Palazzo

# Etna

L'idea che il luogo possa farsi tessitura capace di strutturare un lavoro teatrale iniziò a divenirmi chiara dopo che – era il giugno 1990 – col gruppo di lavoro che conducevo a Catania, ci recammo sull'Etna a girare un piccolo film. Lo pensavo come materiale per lo spettacolo che stavamo preparando[1]. L'esigenza del film derivava dal modo nel quale le prove in teatro si erano andate evolvendo. Si trattava di un lavoro che – in linea con i laboratori che conducevo in Sicilia da alcuni anni[2] – intendeva verificare le possibilità di costruzione drammaturgica nello spazio, in assenza di un testo scritto di partenza. Utilizzando, in particolare, le capacità trainanti e strutturanti della luce.

Quel che andavamo elaborando in un piccolo spazio scenico, era un sistema di rapporti molto stretti, e di reciproche determinazioni, tra visione e corpo, luce e movimento, immagine e parola, reale e virtuale. Un ordito di relazioni definite nello spazio e nel tempo particolari dello spettacolo, sulla base di alcuni principi stabiliti inizialmente. Un tessuto all'interno del quale ogni accadimento (azione viva, parola creata in scena, immagine, suono) trovava motivazioni e premesse in materiali scelti preliminarmente (tra essi, una serie di incisioni di Max Ernst, contenute nel poema *Le sventure degli immortali* di Paul Eluard), producendo di volta in volta, man mano che il lavoro andava avanti, ulteriori ragioni e conseguenze. Si lavorava ad un "testo" costituito dall'interrelazione tra differenti elementi espressivi messi in intima relazione tra loro, con la luce a costituire (ma non sempre e non necessariamente) il principale elemento-guida. L'idea del film venne dall'esigenza – entro la struttura reale-virtuale che si andava definendo – di mettere il *lavoro vivo* delle tre performer in rapporto con l'*immagine* delle loro azioni. E lo spazio del teatro – la "scatola nera" entro la quale operavamo – in rapporto con l'ambiente esterno. La neutralità, l'astrazione, l'immaterialità del primo, con la concretezza, la memoria, la capacità evocativa del luogo reale. Il posto che avevo in mente per le riprese era la cosiddetta "Montagnola": un rilievo non lontano dal cratere centrale dell'Etna. In un precedente sopralluogo, mi aveva colpito una grande discesa di lapilli che al tramonto era illuminata di taglio dalla luce del sole. Sulla strada per andare alla Montagnola, il giorno destinato all'inizio delle riprese, incontrammo invece un altro luogo: una collinetta di pietra lavica a secco. Una sorta di *ziqqurat* creato artificialmente in seguito al dissodamento del terreno sottostante recuperato alla coltivazione. In cima alla collina, due elementi di grande forza e semplicità archetipica: una piccola casa, col tetto a due falde, costituita da un unico corpo a pianta quadrata, con una sola porta centrale sul fronte, come nei disegni dei bambini; e un grande pino marittimo. La casa dominava i terreni circostanti, ai quali era collegata da una piccola discesa a zig-zag i cui tornanti erano stati anch'essi creati con pietre a secco. Decidemmo di fermarci in quel luogo.

Non sapevamo esattamente cosa avremmo fatto. Vi era una tensione precisa, derivante dal lavoro in teatro, che spingeva, ad esempio, verso certe soluzioni di movimento, di gestualità, di rapporti nello spazio tra le persone. Ma la novità del luogo, le sue forme, le suggestioni che da esso provenivano, imponevano una disposizione nuova.

Era necessario abbandonare, almeno temporaneamente, le tensioni e certi principi (non solo quelli relativi ai rapporti nello spazio) che ci avevano guidato fino a quel momento. Per metterci in una condizione di apertura e di ascolto. Fu quella disposizione meditativa a metterci in grado – nei giorni successivi – di far entrare il luogo nel processo di lavoro. Più precisamente, di mettere la ricerca in relazione con le ragioni nuove e le nuove necessità dovute ai caratteri, alle forme, alle memorie del sito. Ai suoi materiali. Ai suoi stessi rumori. Alle sue voci e ai suoi silenzi. Da quel momento era anche il luogo a dirci cosa dovevamo fare. Mi resi conto in quella occasione delle capacità che il luogo possiede di fornire indicazioni al lavoro teatrale. Di farsi matrice del lavoro. Di essere, in un certo senso, "testo". Un "testo" storicamente determinato, stratificato, complesso, costituito da elementi di diversa origine e natura: elementi linguistici ed extralinguistici, animati e inanimati.

Una volta realizzato, il film entrò nello spettacolo configurandosi nel corso delle prove come ulteriore materiale di relazione e scambio rispetto alle azioni e allo spazio scenico. E veicolo, in teatro, di una ulteriore dimensione temporale e poetica.

Ciò che esso conteneva – un concitato susseguirsi di azioni "sorte" *dal* paesaggio trovato, e realizzate dalle stesse persone che lavoravano in scena – era il frutto di una "pressione" esercitata dal luogo sulle scelte drammaturgiche, registiche, spaziali. Sui tempi, i movimenti, i gesti. Oltre che – per quanto concerne in particolare il film – sulla struttura di quest'ultimo, sui suoi ritmi, le inquadrature, la fotografia, il montaggio[3]. Penso che tali "pressioni" siano paragonabili a quelle esercitate sulla messinscena da un testo teatrale scritto[4].

Anche nel caso del luogo, si tratta di una tessitura di fatti e relazioni che possono essere assunti come punti di partenza del lavoro. Non trasmessi dalla scrittura, ma fisicamente presenti nel sito o da esso evocati. E che non si presentano in forma diacronica, come spesso succede nella narrazione e nel testo drammatico, ma in forma sincronica.

## Persone, "voci", parole

Anche in seguito a quell'esperienza, iniziai a pensare alla possibilità di svolgere un tipo di lavoro che intenda il sito non come una "scena" nella quale adattare o ambientare un pezzo preparato altrove, ma quale vera e propria matrice dello spettacolo in tutti i suoi aspetti; quale elemento generatore, non solo delle scelte visive e spaziali, ma anche delle parole, delle azioni, del movimento, dei ritmi, dei suoni. E pensai di chiamare questo tipo di ricerca "teatro dei luoghi".

il teatro dei luoghi

Elisa Muro, Maria Cristina Nicoli, Lucrezia Valeria Scardigno
in *Dammli Stück,* Uznach (Svizzera), 2010 e, in alto, Isabella Amore,
Annalisa Zaccheo, Valentina Iesce in *Dentro il giardino*, Sermoneta, 2006

persone, "voci", parole

Mi fu subito chiaro che il teatro dei luoghi, come iniziavo ad intenderlo, è un tipo di modalità operativa che non definisce la propria specificità esclusivamente, né principalmente, in relazione a problemi spaziali. Perché, sul piano generale e teorico, mette in campo questioni che riguardano la natura stessa del teatro, le sue modalità produttive, registiche, drammaturgiche[5].
E perché, nella pratica, le relazioni della compagnia col sito sono relazioni con un tessuto vivo, complesso e interrelato di presenze, storie, funzioni, rapporti; non solo con uno spazio.
Gli elementi del luogo che possono contribuire alla costruzione del lavoro sono vari e di diversa natura. E sono elementi che un tentativo di analisi deve necessariamente distinguere, ma che non sono separati nella realtà. Tra questi elementi, un ruolo centrale può essere svolto dalla vita che nel luogo si svolge; in particolare, dalle persone che in esso abitano, o al quale, in qualche maniera, sono legate. Se si verifica un loro coinvolgimento – che finora non è mai avvenuto in maniera predeterminata o forzata, ma come naturale proseguimento di relazioni instaurate nel periodo di preparazione dello spettacolo – esso può a volte tradursi in una diretta partecipazione al lavoro. E può essere in qualche caso determinante nel definirne le scelte drammaturgiche.
Anni fa, nel corso della preparazione, in un piccolo spazio romano, di una dimostrazione di lavoro che aveva per tema proprio il "teatro dei luoghi"[6], venimmo a contatto con un'anziana attrice che aveva vissuto a lungo in quei locali: un ex-deposito di carrozze, in seguito divenuto abitazione, poi base di un gruppo terroristico negli anni Settanta, e, infine, sede di attività teatrali. La storia di quella persona, estremamente dolorosa (il figlio, componente del gruppo terroristico, venne ucciso in uno scontro a fuoco con la polizia), ci sembrò conferire al posto uno spessore ed un senso diversi rispetto a quelli che avevamo iniziato ad intravedere. E ci indusse a cambiare il progetto, coinvolgendo nel lavoro la donna, i cui racconti divennero alla fine elemento centrale dello spettacolo, pur frammentati e trasfigurati secondo un approccio poetico. Quell'incontro "casuale", così legato al luogo, fece andare il lavoro in una direzione non prevista. Quella

il teatro dei luoghi

Giuseppe Asaro e Massimiliano Pederiva in S*pirito dei luoghi 98: Teatri in gioco*, Scuola Nazionale di Atletica Leggera, Formia, 1998.
A fronte: Massimo Corsaro nello stesso spettacolo

persone, "voci", parole

che doveva essere una dimostrazione di lavoro divenne in corso d'opera uno spettacolo creato in relazione al sito e alla sua storia, con il contributo diretto di una persona che aveva vissuto direttamente parte di quella storia.

Vi è anche il caso di persone incontrate sul posto che sono parte di una specifica attività locale e che vengono coinvolte nello spettacolo sulla base di questa loro appartenenza. È successo così, ad esempio, a Formia, in occasione della terza edizione di *Spirito dei luoghi*[7], per la quale creammo uno spettacolo-percorso al Centro Nazionale di Atletica Leggera, al quale partecipò un gruppo di pugili, allievi di Patrizio Oliva, residenti nel Centro[8].

La partecipazione delle persone del posto può attuarsi a volte in termini di collaborazioni logistiche o tecnico-pratiche. Oppure di suggerimenti, anche inconsapevoli. Si verifica con frequenza, ad esempio, che i racconti, i commenti, le battute di spirito delle persone gravitanti attorno al lavoro, divengano parte di quelle "voci" che formano il tessuto su cui poi si struttura la creazione. È stato così con gli alabastrai di Volterra[9], con i venditori di ghiaccio alla pescheria di Catania[10], con gli abitanti del Mandrione all'Acquedotto Felice di Roma[11].

Tra le "voci" che alimentano lo spettacolo vi sono anche quelle provenienti dal passato. Alcuni testi da noi elaborati al Palazzo Odescalchi di Bassano Romano[12], alla Necropoli di Cerveteri[13] o alla villa Orti-Manara nel veronese[14], sono stati alimentati dalla documentazione sulle persone vissute in quei luoghi (gli abitanti, nei secoli scorsi, di Palazzo Odescalchi e quelli di villa Orti-Manara; le donne etrusche dai nomi immaginifici di cui trovammo un elenco in un libro di storia) e dalle nostre fantasie sulle loro vicende quotidiane. In *High Vaultage,* realizzato nel 1995 al Turnhalle Building di Londra – edificio che in epoca vittoriana ospitò un importante *gymnasium* e fu luogo di sperimentazione nel campo delle discipline fisiche – la memoria di quelle attività passate riecheggiava nelle azioni delle danzatrici aeree[15].

Anche *Die Schlafenden,* spettacolo del 2013 ispirato al romanzo di Yasunari Kawabata *La casa delle belle addormentate* è stato fortemente suggestionato dalle "voci" del luogo dove è stato creato e presentato: la Tonhof, un castello della Carinzia[16]. Il romanzo racconta i rivolgimenti interiori di uomini anziani, ormai fuori gioco dal punto di vista sessuale, che frequentano una misteriosa casa d'appuntamenti dove possono passare la notte accanto a vergini nude, forzatamente addormentate con i sonniferi da una enigmatica maitresse. Per precisa regola della casa, i vecchi avventori non possono tentare alcun tipo di approccio nei confronti delle ragazze. Possono solo passare la notte accanto a loro. Quella di Kawabata è un'opera misteriosa sulla natura umana e sull'erotismo. Un viaggio conturbante

*High Vaultage,* in collaborazione con Momentary Fusion e Gareth Williams, Arts Depot, Londra, 1995. A sinistra: Isabel Rocamora, Sophy Griffiths; a destra: Nicky Gibbs

persone, "voci", parole

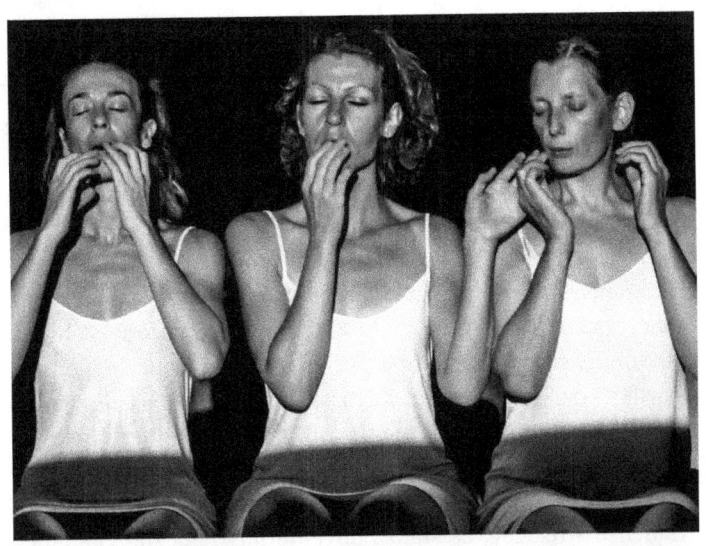

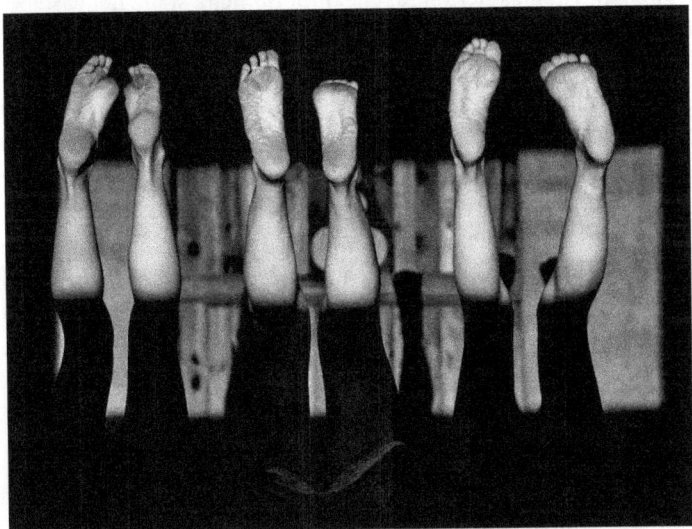

Lucrezia Valeria Scardigno, Maria Cristina Nicoli, Sigrid Elisa Plessnig in *Die Schlafenden*, Tonhof, Maria Saal (Austria), 2013

nei desideri, nei ricordi, nelle fantasie, nelle pulsioni suscitate da quel silenzioso "teatro" delle vergini. Sull'enorme estensione dell'erotismo. In particolare, dell'erotismo in assenza di atto sessuale. Su questo racconto avevo già lavorato nel 1995, realizzando due performance, *Sonni* e *Le addormentate*, ideate insieme a Daria Deflorian, le quali avevano anch'esse risentito dei luoghi dove erano state create, rispettivamente un teatro-laboratorio e una galleria d'arte[17]. Il nuovo lavoro ispirato al racconto di Kawabata realizzato alla Tonhof era molto diverso dai precedenti, anche perché realizzato in un posto diverso. Rispetto alla sua creazione il luogo ha avuto una forte influenza e svolto un importante ruolo generativo, anche sul piano delle suggestioni e delle "voci" provenienti dal passato. Il castello, appartenuto al musicista Gehrard Lampersberg, aveva ospitato nel corso degli anni '50 e '60 alcuni dei più importanti scrittori, artisti e musicisti d'avanguardia austriaci. E continua ad essere luogo di residenze artistiche. La stanza dove dormivo era stata abitata a lungo da Thomas Bernhard, che, proprio nella stalla del castello, che è lo specifico luogo in cui abbiamo realizzato lo spettacolo, aveva rappresentato i suoi primi lavori teatrali. In quella stanza si trova ancora la poltrona – la famosa *bergère* – che è il luogo di osservazione del soggetto narrante in *A colpi d'ascia*, l'opera-scandalo nella quale lo scrittore attacca impietosamente le figure di Lampersberg e di sua moglie, il cui comportamento mondano viene seguito da quel particolare osservatorio. Sulla vita dei due coniugi, e sui risvolti morbosi della loro ospitalità, incombono da tempo delle ombre, giustificate o meno che siano. Il castello è stato a lungo considerato dagli abitanti del posto, e non solo per effetto del romanzo, una "casa del peccato". Così lo vedevano anche i convittori del collegio che si trova nella collina di fronte, come ha testimoniato Peter Handke, che vi ha passato alcuni anni della giovinezza. È stato per molto tempo un luogo di enigmi e di misteri, proprio come la "casa" del racconto di Kawabata. Per noi che vi operavamo, era un posto denso di rumori e dicerie, per molti aspetti associabile alla casa del romanzo, ed ha contribuito in modo considerevole ad alimentare il lavoro in

*Die Schlafenden*, Tonhof, Maria Saal (Austria), 2013.
In basso: Simona Lisi

il teatro dei luoghi

termini tematici, energetici, di atmosfere. Si è verificato, in quel caso, l'incontro di due luoghi, quello del romanzo e quello dove è stato creato lo spettacolo, che, per queste loro "affinità", sono entrati in risonanza tra loro, nutrendo il processo su differenti piani. Generando associazioni e soluzioni.

**L'ambiente, le "cose"**

Un altro importante elemento generativo della creazione è, nel teatro dei luoghi, l'ambiente fisico. Esso non è preso in considerazione tanto in rapporto a problemi di misure, volumi, praticabilità, funzionalità, quanto per le sue qualità identitarie. Nel processo di lavoro, esso è letto ed "abitato" dalla compagnia in quanto tessuto vivo di fenomeni, cose, funzioni, movimenti, ricordi; ambito nel quale si sono sedimentate ed operano – con presenza più o meno forte ed influente a seconda dei casi – delle relazioni.

Quando, come nell'esempio del film girato sull'Etna prima descritto, si lavora in luoghi "naturali", isolati o comunque lontani dai flussi maggiori delle attività umane, gli elementi principali nelle relazioni, e quindi nella determinazione delle scelte tematiche, drammaturgiche, registiche e realizzative dell'intervento, sono evidentemente costituiti dal paesaggio e dall'architettura. Alcune volte è quest'ultima a proporsi con particolare forza. È stato il caso di *High Vaultage*, lo spettacolo prima citato, realizzato a Londra, all'interno del Turnhalle Building, un edificio vittoriano appartenuto alle ferrovie e oggi destinato alle arti visive e alla performance. Esso comportò sei mesi di lavoro sul posto e un lungo confronto delle danzatrici con gli spazi e le strutture dell'edificio. E condusse ad uno scambio costante, nella performance, tra architettura e danza.

Daria Deflorian in *Accessibile agli uomini*,<br>Forte Prenestino, Roma, 1993

In *Anfibio*, spettacolo-percorso realizzato nel 2003 nel porto di Tricase nel Salento, fu il paesaggio pietroso (una varietà di scogli e massi frangiflutto distribuiti lungo l'itinerario) a fornire buona parte delle indicazioni per l'organizzazione spazio-temporale e le scelte drammaturgiche e tematiche dello spettacolo, che si svolgeva lungo un molo esterno del porto, lungo circa 500 metri. Il pubblico si muoveva lungo un percorso lineare, obbligato, nel quale le pietre, con le loro diverse caratteristiche (gli scogli naturali, quelli intagliati anticamente a formare vasche di lavaggio delle pelli conciate, i frangiflutto in cemento a tre punte, quelli a forma di cubo) sembravano contrassegnare una progressione dalla natura all'artificio. Durante il sopralluogo di notte il posto mi era apparso deserto, appartato rispetto al centro urbano e alla stessa area portuale centrale, dai quali è separato – fisicamente e visivamente – da un lungo muraglione; mentre è affollatissimo di bagnanti nelle giornate estive. Fui colpito da queste due vite differenti: l'una "palese", turistica, rumorosa; l'altra, silenziosa, oscura, evocativa di immagini mitiche. Ambedue questi aspetti ispirarono le azioni e le visioni, intrecciandosi in diversi modi nello spettacolo[18].

L'ambiente naturale e l'architettura hanno svolto analoga funzione in diversi altri interventi, da *Tripla Italiana* (1992), nel parco del castello Rosenberg sul Wörthersee in Austria[19], a *Dentro il giardino* (2006), nello storico aranceto di Sermoneta[20], a *Dämmli Stück* (2010), in un canale d'acqua nei pressi del lago di Zurigo[21].

Nel lavoro preparatorio una funzione centrale è sempre svolta dall'ascolto, dalla disposizione a *stare* sul posto, osservandolo e abitandolo a lungo. E, per quanto riguarda il rapporto con gli oggetti e le architetture, anche dall'attitudine a conferire alla sfera inorganica uguale peso che a quella organica. All'inanimato stessa importanza che all'animato. Che vuol dire rivolgere attenzione alle "cose", viste come elementi con vita propria. Non come semplici valori d'uso, entità da "manipolare", "scenografare", *sottoporre* al lavoro, da assumere come "accessori" o elementi di sfondo dello spettacolo, ma come realtà sensibili, da far "essere" nel lavoro con la loro autonomia e la loro "anima"[22].

l'ambiente, le "cose"

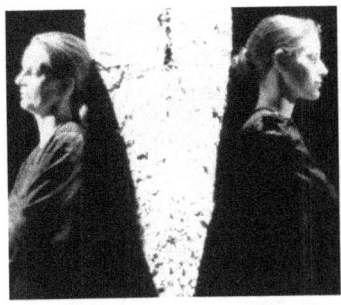 

Daria Deflorian e Patrizia Hartman in *Sonni*,
Teatro Studio, Ciampino, 1993, e, a destra, *Persona*, installazione,
Jardim Botânico, Coimbra (Portogallo), 2007

Questo tipo di approccio c'è anche nei nostri lavori per il palcoscenico, dove normalmente escludiamo tutto quanto è posticcio, e dove le scelte relative allo spazio, agli oggetti, all'immagine non derivano da elaborazioni separate, create a tavolino, come nel normale lavoro dello scenografo, ma sono il risultato delle relazioni complessive, del lavoro concreto di tutto il gruppo nello spazio, delle determinazioni reciproche, nel corso delle prove e poi nello spettacolo, tra luogo scenico ed azione, tra oggetti e performer[23].

È, se si vuole, una posizione "antiscenografica", che si coniuga con l'attitudine all'ascolto e con l'attenzione alle cose come entità autonome. Ed è uno dei fattori che stanno alla base del fatto che, nel teatro dei luoghi, la scelta dei siti in cui operare non è guidata da preferenze astratte o da posizioni pregiudiziali. In linea di massima, ogni sito può essere oggetto di interesse. Perché ogni luogo, anche il più "banale", ha una sua vita e una sua memoria ed è potenzialmente portatore di associazioni ed agganci per l'immaginario di chi vi opera[24].

Il fatto di operare spesso fuori dagli edifici destinati allo spettacolo non deriva da idee preconcette rispetto a questi ultimi, né da una generica volontà di "uscire" dai teatri e trovare spazi "alternativi". Per quanto possa essere messa in discussione la rispondenza delle strutture teatrali tradizionali alle esigenze poetiche, comunicative e tecniche del teatro contemporaneo, non sta qui il problema. Il teatro dei luoghi opera, con le sue specifiche modalità, anche all'interno dei teatri all'italiana.

## Un caso particolare: il teatro dei luoghi nei teatri all'italiana

Gli interventi del teatro dei luoghi negli edifici all'italiana non seguono, nell'uso dello spazio, divisioni fisiche, convenzioni e funzionalità date. Intendono gli edifici come luoghi portatori, nel loro complesso, di identità e di storia.

I teatri all'italiana sono peraltro siti – per loro natura – particolarmente densi di voci e di memorie[25], le cui suggestioni possono derivare, in misura diversa da caso a caso, dal loro stato e dal loro uso attuali, dalla loro storia e dal loro ruolo sociale, dai caratteri dell'architettura, dalle connessioni col contesto locale.

E legarsi – in ragione dei caratteri e delle memorie su cui di volta in volta si sceglie di concentrare l'attenzione – ad aspetti e parti differenti dell'edificio: ad esempio, la storia del pubblico o la memoria del comportamento degli spettatori (sala, palchetti, foyer); la memoria delle rappresentazioni (palcoscenico); o della vita materiale degli attori (sale prova, camerini); o, ancora, della scenotecnica e del lavoro dei macchinisti (aree tecniche).

I caratteri dell'edificio non sono quindi assunti nel loro originario ruolo normativo e di codificazione dei rapporti nello spazio, ma quali materiali e matrici da mettere in gioco con regole e associazioni nuove. Le scelte spaziali e quelle relative agli eventuali percorsi possono assumere, caso per caso, configurazioni differenti. A volte, in rapporto al contesto operativo e in seguito alla lettura del luogo ed ai principi di lavoro stabiliti, si è scelto di mettere gli spettatori sul palco, e l'azione in sala. Era così in una performance realizzata nell'ottocentesco Teatro dei Coraggiosi di Pomarance, in Toscana, dove gli spettatori, per buona

Giovanna Summo, in *Teatro dei luoghi: Pomarance*,
Teatro dei Coraggiosi, Pomarance, 1998

parte del tempo disposti sul palcoscenico, seguivano le azioni, che si svolgevano in sala e nei palchetti, ispirate alla memoria dello spettacolo d'opera e del comportamento del pubblico[26]. Altre volte, abbiamo organizzato itinerari attraverso diversi ambienti, come ingresso, sottopalco, sala, palchetti, area scenica, camerini[27], o interventi in spazi specifici, come il foyer[28]; oppure stabilito un punto di vista unico, affine a quello convenzionale dei teatri all'italiana, rispetto all'azione che si muove tra palcoscenico e sala[29]; o, ancora, circoscritto l'intervento agli ambienti di passaggio, limitandolo a quelle zone dell'edificio, o ad esso attigue, che sono in qualche modo i suoi "non-luoghi"[30].
Rispetto alla ricerca sul teatro come luogo e all'esplorazione del ruolo attivo degli oggetti, sono stati e sono per me molto importanti anche altri tipi di esperienze realizzate nei teatri; in particolare, quelli che chiamo "drammi della tecnica", lavori realizzati in palcoscenico nel contesto dei laboratori con i miei studenti: spettacoli senza attori, in cui la costruzione drammatica all'interno della sca-

il teatro dei luoghi

*Magnetico*, con gli studenti dell'Accademia di Belle Arti di Firenze, Teatro Studio, Scandicci, 2004 e, in basso, *Quadri di un'esposizione*, con gli studenti dell'Accademia di Belle Arti dell'Aquila, Teatro dell'Accademia, L'Aquila, 2007

il teatro dei luoghi nei teatri all'italiana

tola scenica è affidata al particolare modo di mettere in relazione tra loro, nel tempo, gli oggetti, lo spazio, la luce. E la tecnica, appunto. Forse è proprio nei primi laboratori degli anni Ottanta, svolti in un piccolo teatro all'italiana, che ha cominciato ad affacciarsi dentro di me l'idea del teatro dei luoghi. Con quello spazio a disposizione, e con pochissime risorse per poter operare, io e i miei studenti cominciammo a guardare al palcoscenico, alle sue attrezzature e meccanismi di base, agli apparecchi illuminanti, come a degli elementi con un fascino proprio, proprie logiche autonome e capacità evocative. Quei laboratori mi portarono gradualmente a considerare i materiali, gli strumenti e i dispositivi del palcoscenico non come funzioni per costruire altro, ma come soggetti, forme attive, elementi di produzione simbolica. Questi elementi – assieme al lavoro dei macchinisti-performer – mettono in campo, negli spettacoli prodotti in quei contesti, la propria capacità di costruzione poetica e di azione. Anche attraverso una trasfigurazione visionaria della tecnica, legata alle manovre, alla luce, al movimento degli elementi nello spazio e nel tempo.

Nonostante si tratti di spettacoli creati e presentati in teatri all'italiana, essi sono, a tutti gli effetti, una forma di "teatro dei luoghi"; dove la matrice di partenza è costituita dagli stessi elementi – spazi e mezzi – della scenotecnica, e dove gli oggetti hanno funzione attiva e trainante.

Alcune volte, all'interno dei laboratori, l'attenzione è stata spostata dal palcoscenico agli spazi dove si tengono le lezioni e dove gli studenti disegnano. In questi casi, l'utilizzazione dell'idea del teatro dei luoghi ha portato a lavori basati sui caratteri, le memorie, la trasfigurazione fantastica degli ambienti di studio. È stato così, ad esempio, nello spettacolo *Aula*[31], che descrivevamo così nel programma di sala: «una sorta di 'operina buffa' sul tema della classe. Sulle tracce, anche, di *Die Schulmeister* di Telemann (alcuni brani sono utilizzati nel lavoro) e del *Maestro di Cappella* di Cimarosa. Attraverso libri e film sull'argomento. Pensando a *I temi di Fritz Kocher* di Walser, raccolta che contiene un racconto sull'argomento della classe. Vi si cerca di affrontare, con non poco divertimento, un tema *molto* sentito, usando lo stesso spazio, i materiali, gli arredi

il teatro dei luoghi

*Aula*, con gli studenti dell'Accademia di Belle Arti di Urbino,
aula-teatro dell'Accademia, Urbino, 1995

del luogo in cui si lavora tutti i giorni. E il suo giardino. Con un particolare uso delle luci, del video, dei movimenti degli oggetti e delle persone. L'aula può allora trasformarsi in un luogo di torture o delizie. Uno studio di progettazione? Un ristorante? Il pubblico può raddoppiarsi come in uno specchio, con l'apparizione improvvisa di una seconda gradinata piena di gente, di fronte a quella degli spettatori "veri". E, in fondo allo spazio, all'esterno, un bosco rivelarsi inaspettatamente, per poi essere smantellato – albero dopo albero – con mosse fulminee da studentesse in corsa al ritmo dei rumori di laboratorio: seghe, martelli, scintille. E la lezione essere sostituita da istruzioni "inspiegabili", con esilaranti riferimenti gastronomici. E queste essere contrappuntate da una misteriosa rassegna di gesti dell'intera scolaresca femminile»[32].

Tornando ai "drammi della tecnica" e agli spettacoli realizzati dai laboratori in palcoscenico, è evidente come essi mettano in dubbio l'utilità dell'opposizione tra lavori nei teatri e lavori fuori dai teatri ai fini della comprensione delle questioni che stiamo trattando, e confermino il fatto che la cosa importante da considerare per questa comprensione, non sia tanto il *dove*, quanto il *come* il lavoro viene realizzato.

## Teatro di palcoscenico e teatro dei luoghi: unità dei principi e differenze nelle condizioni operative

Al di là delle differenze nelle problematiche da affrontare e nelle condizioni operative, c'è una certa unità di fondo, sul piano poetico e su quello metodologico, tra i lavori di teatro dei luoghi e quelli per il palcoscenico. In ambedue i casi, la condizione che pongo alla base della creazione è costituita da un "luogo", se per tale si intende l'ambito delle relazioni tra i soggetti e gli elementi che concorrono al lavoro. Negli spettacoli per il palcoscenico questo ambito è costituito da una serie di circostanze che propongo ai partecipanti all'inizio del processo, che chiamo lo "stato di cose"[33]: un mondo embrionale, fatto di idee, testi, spazi, oggetti, relazioni, "atmosfera"[34], col quale invito i componenti del gruppo ad entrare in rapporto, secondo principi e regole definiti, inducendoli a trasformarlo con i loro apporti personali. Nel teatro dei luoghi l'ambito delle relazioni è invece in gran parte costituito/generato da un luogo reale. Sostanziato e stimolato da circostanze preesistenti al progetto; che sono circostanze particolarmente forti ed influenti anche sul piano fisico. Esse costituiscono potenti fattori generativi dai quali, nel corso della creazione, non ci si può allontanare. Un elemento di diversità del teatro dei luoghi è quindi costituito dal peso, dalla qualità e dal ruolo che in esso hanno le preesistenze. E dal fatto che l'ambiente in cui si opera non è un ambiente specializzato, una struttura di pertinenza degli artisti, com'è appunto un palcoscenico. Sta qui una sua ulteriore particolarità: lo spazio nel quale il lavoro si svolge può essere sentito già in partenza come "proprio" anche dal pubblico. Questo, come dirò più avanti, ha delle conseguenze importanti sul rapporto spettacolo-spettatore. Inoltre, contrariamente ai lavori per il palcoscenico che, nelle diverse produzioni e nel loro spostarsi da un teatro all'altro, fanno riferimento a strutture materiali, tecniche e organizzative simili tra loro, il teatro dei luoghi opera, da questi punti di vista, in situazioni sempre diverse, spesso difficili da prevedere in tutti i loro risvolti. La funzione generativa delle preesistenze ha quindi una qualità peculiare, legata alla mancanza di mediazioni tecniche, architettoniche, convenzionali; e all'inatteso.

Vi sono altre relazioni tra i lavori di teatro dei luoghi e quelli per il palcoscenico, che si potrebbero definire di scambio metodologico. Potrei dire ad esempio che il teatro dei luoghi costituisca ormai, nel mio percorso, un bagaglio di esperienze che porta a percepire con maggiore attenzione e sensibilità, nei lavori per il palcoscenico, le differenze – da teatro a teatro – inerenti l'architettura, i volumi, i muri, i dispositivi tecnici, le decorazioni, il rapporto palco-sala e scena-pubblico. Inducendo a volte, nelle riprese in altri teatri dello stesso spettacolo, differenti soluzioni e cambiamenti – non solo spaziali – legati alle caratteristiche particolari della struttura.

Un'altra modalità di scambio avviene in quegli spettacoli, creati sulla base di un testo o del mondo poetico di un autore, che – per scelta o per circostanza – vengono preparati e presentati in spazi non destinati allo spettacolo. Lavori – su questo mi soffermerò più avanti – che non sono esattamente definibili "teatro dei luoghi", perché fanno riferimento ad un universo poetico "esterno" al sito, ma che da quell'approccio traggono alcune modalità operative.

In *Accessibile agli uomini*, performance dedicata ad Ingeborg Bachmann, creata al Forte Prenestino di Roma[35], e in un altro lavoro successivo, prima citato, anch'esso dedicato alla poetessa austriaca, *Acuta di conoscenza, amara di nostalgia*, realizzato nel foyer del Teatro Flavio Vespasiano di Rieti, i siti intervennero in maniera decisiva nel definire il risultato. Per questo motivo, si è trattato di lavori assai diversi rispetto allo spettacolo sulla Bachmann elaborato, lo stesso anno, per il palcoscenico[36].

Un diverso aspetto di questa relazione viene prospettato da quei lavori per il palcoscenico nei quali la questione del luogo viene affrontata sul piano tematico. *Lingua stellare*[37] era ad esempio uno spettacolo nel quale veniva messo in gioco il problema della perdita del luogo nella vita attuale per effetto dello sviluppo mediatico. Il lavoro era dedicato a Velimir Chlébnikov, il grande poeta-profeta della cultura globale e faceva riferimento al suo universo poetico-letterario. In particolare al suo aver previsto, con grande forza immaginativa, la possibilità del superamento

teatro di palcoscenico e teatro dei luoghi

*La Classe*, installazione, con gli studenti dell'Università di Catania, SDS Architettura, Siracusa, 2014 e, in alto, *Outstanding*, installazione, Accademia di Belle Arti di Roma, Campo Boario, Roma, 2012

dei linguaggi locali a favore di una lingua assoluta, transgeografica e transculturale; e al suo aver preconizzato, agli inizi del secolo scorso, la possibilità di un sistema di comunicazione planetario, la cui realizzazione Chlébnikov pensava possibile attraverso la radio, che lui sentiva come una sorta di "sole spirituale". Nella sua visione, fortemente anticipatrice degli scenari attuali, era implicita l'idea del drastico ridimensionamento del ruolo dello spazio e della vicinanza fisica nelle relazioni tra gli uomini. Nello spettacolo vi erano soluzioni legate a questo. I performer si muovevano in una scena a scatola nera totalmente vuota: la luce riempiva lo spazio, ma i tre lati erano bui ed impalpabili. In quella specie di sottovuoto, si animava, per buona parte del tempo, un mondo astratto e in continuo movimento, abitato da persone che tendenzialmente guardavano "altrove", al cielo, persone non in contatto tra loro e che sembravano galleggiare in quel vuoto, comunicare solo via "etere". In alcuni momenti, una serie di punti luminosi viaggiava nello spazio evocando scenari notturni tipici della nostra epoca, con quella luce di tipo nuovo che è costituita da led, spie e display di apparecchi elettronici, luci di antenne, di ripetitori, e di aerei e satelliti in volo. A questo tipo di situazione se ne alternavano altre di tipo opposto, come improvvisazioni in piena luce di racconti personali, alcuni registrati, altri dal vivo. Erano momenti di immediata umanità, calore, corpo, e di frontalità rispetto al pubblico: quasi "riserve" di vicinanza, di viso-a-viso, di località, che si manifestavano come improvvise bolle in quel vuoto. Vi era un'alternanza di luogo e non-luogo, vicinanza e distanza. A questa dialettica concorrevano soluzioni specifiche. Una di esse consisteva nel chiedere agli spettatori, all'ingresso del teatro, i numeri di cellulare. Durante lo spettacolo esortavamo il pubblico, con un avviso registrato, ad accenderli e a lasciarli suonare senza rispondere. In un determinato momento, componevamo i numeri dietro le quinte, facendo squillare in sala gli apparecchi, che si venivano a combinare con le musiche ed i rumori dello spettacolo, fondendo auditorio e palcoscenico in un unico paesaggio sonoro. Si creava in tal modo un pensiero; non solo attorno alla sorpresa per il ribaltamento della consueta richiesta di spegnere i telefonini in teatro, ma anche e soprattutto attorno alla strana unione di pubblico e scena in quella specie di concerto "siderale" di bip e suonerie. Costringendo ad operare in teatro – che è luogo della vicinanza – uno strumento di comunicazione a distanza, mettevamo in campo un aspetto del paradosso contemporaneo dell'indifferenza distanza-vicinanza. L'affrontare questo tema comportò soluzioni specifiche anche per quanto riguarda la luce. Nel finale dello spettacolo, realizzammo una sorta di invasione della sala buia da parte di un drappello aereo di puntini luminosi, verdi come quelli dei cellulari, che partiva dal fondo della scena riempiendo progressivamente lo spazio sopra gli spettatori, formando una specie di cielo stellato elettronico: percettivamente, un cielo di telefonini.

## Tempo, memoria, immaginario

Un importante elemento di specificità del teatro dei luoghi è costituito dal fatto che esso, essendo creato in siti reali, si rapporta con spazi che, al contrario della scenografia, posseggono memoria[38]. Più precisamente, non hanno solo quella piccola memoria del vissuto scenico che si sedimenta nello spazio e negli oggetti in seguito alle prove e alle rappresentazioni, e che appartiene al gruppo di lavoro e non al pubblico, ma una memoria storica, sedimentata, collettiva; una memoria che generalmente appartiene in misura molto maggiore agli abitanti dell'area, e quindi al pubblico, che alla compagnia. Questo ha importanti implicazioni proprio per quanto riguarda il rapporto con gli spettatori, e su questo tornerò più avanti. Ed ha importanti conseguenze sul lavoro dell'attore. Il quale applica l'ascolto, lo sguardo e il pensiero ad una esistenza reale, stratificata e densa, che non è nata in funzione dello spettacolo, che non è stata per esso concepita o adeguata. Che ha assoluta autonomia. Che ha la forza e l'in-

dipendenza della realtà e per questo costituisce, nelle relazioni, una variabile forte e profondamente influente.
Nel teatro dei luoghi il lavoro sulla memoria non viene svolto in una prospettiva di recupero di un presunto rapporto "autentico" col sito. La memoria viene intesa come un elemento di relazione attivo, operante nel qui e ora, non come un insieme di informazioni e conoscenze su un tempo andato rispetto al quale rapportarsi. Tantomeno, al quale rapportarsi nostalgicamente. La memoria è, nella preparazione del lavoro e nello spettacolo, un elemento del *presente*[39]. Un elemento che nutre l'immaginario della compagnia e, poi, del pubblico.
Durante il processo di lavoro, immaginazione e memoria collaborano. La memoria del luogo interagisce con i ricordi e l'immaginario personali dei singoli componenti del gruppo, con le associazioni e le fantasie che, durante le prove, attivano in base al luogo e alle loro esperienze individuali; e tende ad alimentare, nel corso dello spettacolo, la reattività fantastica dei singoli spettatori. La questione della memoria ha anche legami con fatti più generali, legati al contesto contemporaneo. Non è questa la sede per entrare nell'argomento, ma è evidente che oggi abbiamo un sentimento del tempo assai diverso che in passato: un tempo sempre meno lineare e cronologico, e sempre più frammentario, nel quale passato, presente e futuro tendono a coesistere[40]; e questo contribuisce a farci considerare la dimensione della memoria non in contrasto con quella visionaria.
Vi sono anche altre questioni di ordine generale. Come accennato, l'approccio del teatro dei luoghi è lo stesso sia che si operi in importanti aree monumentali che in luoghi, per così dire, "banali", nonostante le differenti qualità degli *input* che si ricevono nei due casi, le diverse problematiche cui essi rimandano e i differenti sviluppi che possono ispirare. Questo, in una certa misura, deriva anche dall'impatto diverso, rispetto al passato, che i luoghi hanno oggi sull'immaginario di chi vi opera, per il progressivo stemperamento della loro forza identitaria, comunicati-

Daria Deflorian in *Le addormentate*,
Roma, 1995

va, simbolica, legata al fatto che i rapporti umani e le comunicazioni si stabiliscono sempre di più per via extra-locale[41] e agli effetti prodotti dalla diffusione globale delle loro immagini. Oltre ad essersi "indeboliti" ed appiattiti sul piano percettivo, i luoghi sono divenuti più permeabili. Meno "solidi". E quindi anche disponibili assai più di prima ad assimilare elementi provenienti da altrove. Tutto questo sembra comportare una loro maggiore apertura a divenire dei mondi ai quali l'artista può applicare il proprio immaginario. Il quale ultimo, con ogni evidenza, è sempre più – in un universo alimentato da una grande quantità di immagini e informazioni dalle provenienze più varie – un immaginario delocalizzato. Vasto, e fecondo di associazioni. Questi aspetti – minore compattezza e nuova disponibilità visionaria dei luoghi, da un lato, e grande sviluppo di un immaginario delocalizzato, dall'altro – mi sembra contribuiscano a produrre una quantità crescente di legami fantastici e di potenziali incroci tra luogo e visione. In altri termini, ciò che di "memoria" emerge dal singolo sito, pur trovando motivo nel luogo stesso, sembra provenire in misura sempre maggiore da altrove.

## Il teatro dei luoghi e la storia

Tra le situazioni operative nelle quali la questione della memoria si pone con evidenza, vi sono gli interventi nelle zone archeologiche. In essi il teatro dei luoghi affronta problemi peculiari[42]. Si tratta di aree dense di memorie e dalla forte carica evocativa, che sono spesso zone delimitate, escluse dai flussi della quotidianità, disabitate. Si potrebbe pensare che in queste condizioni la creazione dello spettacolo trovi maggiore alimento nella memoria, piuttosto che nella vita quotidiana del luogo. Ma non è esattamente così. Per quanto mi riguarda, la preparazione del lavoro si basa sull'ascolto dei siti come sono oggi. I luoghi antichi, misto di elementi attivi e di altri che non lo sono più nella loro fun-

## il teatro dei luoghi e la storia

zione e nel loro senso originari, sono ovviamente anche luoghi odierni[43]. Oggetto di ascolto e di relazione è, insieme al passato, l'attualità del luogo; e, con essa il suo uso turistico, le modalità di comportamento dei visitatori, le informazioni storiche, culturali, pubblicitarie riguardanti il sito. La percezione dei luoghi si attua inoltre in rapporto al loro contesto; a fattori quali la rete informativa planetaria nella quale le immagini dei monumenti sono inserite; i rapporti con il territorio; in certi casi, la posizione marginale o di isolamento dell'area archeologica rispetto alla città contemporanea, agli interessi in essa prevalenti, ai flussi principali delle relazioni umane. Il lavoro sulla memoria, inoltre, si riferisce all'intero arco della vita del luogo, ai diversi usi che di esso sono stati fatti nel tempo. Quindi anche alle storie, agli accadimenti naturali, ai cambiamenti fisici intercorsi; alle superfetazioni, alle nuove costruzioni. E a quanto nel luogo o su di esso è stato elaborato dalla cultura: dagli studi scientifici alla letteratura, la poesia, il teatro, il cinema. E ci si basa su punti di vista che sono al contempo retrospettivi e fantastici.

Ad esempio, in *Bandoni*, installazione-performance realizzata lungo l'Acquedotto Felice a Roma, si combinavano il rapporto con il luogo archeologico e quello con la memoria cinematografica. Il lavoro faceva parte dello spettacolo-percorso *La Passione: Pasolini al Mandrione*, diretto da Marcello Sambati e coordinato da Daria Deflorian, realizzato lungo la via del Mandrione, luogo pasoliniano per eccellenza[44], sede fino alla metà degli anni Settanta di una grande baraccopoli, in buona parte addossata alla struttura romana. In quella situazione, scelsi come altro punto di riferimento, insieme al luogo, *La terra vista dalla luna*, uno dei film più immaginifici di Pasolini, tratto dal suo racconto mai pubblicato *Il buro e la bura*, ambientato in una bidonville. Nella performance, gli archi del monumento erano abitati da due figure ispirate a personaggi del film. Dalle mie note di lavoro: «Il primo arco appartiene ad un ragazzo dai capelli rossi e la maglietta gialla. Forse è Baciù. La gente che passa durante la preparazione dello spettacolo lo chiama "Roscio" o "Ninetto". È anche un uccellaccio. O un uccellino. La "finestrella" (un buco nel muro sul retro dell'arco) è "decorata" con frammenti aguzzi di bottiglia. Come delle fauci. Il bandone di lamiera inclinato è ritagliato sul muro dalla luce. Ai lati dell'arco, frammenti di mattonelle colorate (azzurri e rosa pallidi, e finti mosaici degli anni Cinquanta). Trovati nel terrapieno, appartenuti alle baracche, sono una specie di cielo stellato: trasposizione fantastica dell'atto di appropriazione dell'acquedotto da parte della gente attraverso il rivestimento dei muri. Fuori le stelle, dentro Baciù. Che, quando passa il pubblico, si volta a guardare. Come un insetto. Un pappagallo. Un animale in gabbia. (...) Una ragazza mora, vestita di rosa, è atterrata qui per "farsi" la casetta. Seduta fuori dall'arco, rompe con un martello conchiglie di pasta. E maccheroni. Con determinazione. La piccola "casa" dentro l'acquedotto è ben curata. Un arco di luce la protegge. I muri sono azzurro-cielo; la finestra è dipinta da poco, in rosso vivo. Sulle pareti, sotto la tettoia di ondulit, Assurdina ha creato, con misto di amore e cattiveria, decorazioni vegetali, inchiodando su assi di legno file di ravanelli. Al posto del pavimento, un quadrato di terra: un piccolo giardino muto»[45].

I dati di fatto del presente che, insieme al passato, vengono assunti come elementi suscitatori degli interventi nelle zone archeologiche sono spesso veicolati dalle stesse condizioni concrete nelle quali il lavoro viene creato. In *Spirito dei luoghi*, spettacolo realizzato a Formia nel 1996[46], la scelta di usare, come navette per lo spostamento del pubblico, autobus di linea lungo l'antica via Appia, nel consueto tracciato del servizio pubblico, costituì uno degli elementi che misero in moto un immaginifico intreccio tra situazioni e relazioni proprie della vita quotidiana contemporanea e spettacolo legato all'archeologia. Lo stare nell'autobus degli spettatori, i rapporti tra loro e con il conducente, il loro osservare l'esterno attraverso i finestrini, vennero messi in gioco in relazione al misterioso ripresentarsi dei monumenti, trasfigurati dalle azioni dei performer e dalle luci.

Pure nel caso di *Criptoportici*[47], seconda edizione dello stesso ciclo di interventi a Formia, realizzata l'anno successivo, le condizioni concrete di partenza hanno influito in maniera decisiva

il teatro dei luoghi e la storia

Maurizio Stammati e, in basso, Massimo Corsaro
in *Teatro dei luoghi 97: Criptoportici*, Formia, 1997

il teatro dei luoghi

Giuseppe Asaro e, in basso, Alessandra Cristiani in *Numina*, necropoli etrusca della Banditaccia, Cerveteri, 2000

sulla creazione dello spettacolo. Il percorso si snodava dall'antica darsena dei pescatori, attraverso un tratto di superstrada, fino agli spazi sotterranei dei Criptoportici romani. La presenza della superstrada aveva indotto, nella costruzione del lavoro e nella definizione del suo itinerario, un confronto con il traffico e le lacerazioni urbanistiche della zona; in particolare, con la separazione fisica, dovuta a quell'arteria, tra i Criptoportici – originariamente luogo di peschiere e ricoveri per imbarcazioni – e il mare. La decisione di non lavorare solo all'interno del monumento, ma nell'intera area, contribuì in maniera sostanziale all'impronta dell'intervento. La prima parte del percorso aveva a che vedere – nelle componenti visive e installative, nelle azioni e nei testi – col rapporto stridente tra mare e viabilità, pescatori e traffico. L'accesso ai Criptoportici avveniva attraverso un posto di controllo della Protezione civile, che aveva anche la funzione di assimilare sul piano drammaturgico quella frattura. Dopo aver percorso il cavalcavia, assistendo ad un'azione sull'acqua accanto al flusso delle macchine, gli spettatori superavano il filtro del servizio d'ordine ed accedevano ai Criptoportici, dove si immergevano in un percorso sotterraneo con numerose azioni ed interventi visivi. Diversamente dagli esempi precedenti, il luogo dove nel 2000 realizzammo *Numina*, la necropoli etrusca della Banditaccia a Cerveteri, è un'area isolata e lontana da insediamenti recenti. Ma anche in quel caso lo spettacolo era interamente teso tra passato e presente. I testi contenevano riferimenti – tradotti in termini immaginifici e per frammenti – al passato (ad esempio, alle divinità e alle credenze del popolo etrusco, al suo linguaggio, alla sua disposizione sensitiva nei confronti della natura e dei fenomeni atmosferici, alle arti divinatorie), ma anche, e, in misura non minore, alla vita attuale del sito. Durante il lavoro sul posto, avevamo ascoltato a lungo quello che dicevano le guide turistiche, e registrato di nascosto molte delle loro spiegazioni ai visitatori. Nello spettacolo facevamo affiorare alcune di queste registrazioni, nella semioscurità, dai cespugli. Questa soluzione aveva un'estensione alla fine del percorso, durante il deflusso del pubblico: dal fondo di un grande fosso provenivano suoni

Simona Lisi e, a destra, Alessandra Cristiani in *Porte di luce*, Museo delle Mura a Porta S. Sebastiano, Roma, 2008

e voci registrate (brani del lavoro ripresi durante le prove, misti alle spiegazioni diurne delle guide e ai rumori del luogo), come una sorta di misterioso "rigurgito" dello spettacolo, del luogo e delle loro relazioni, che il pubblico sentiva giungere come dalle viscere della terra alla fine del percorso[48].

In generale, nel preparare un lavoro, ci si documenta in maniera approfondita sulla storia del luogo, i suoi caratteri, le testimonianze, e su quanto attorno ad esso è stato scritto e in esso è accaduto nelle diverse epoche; ma è poi risolutivo stare sul posto. Da questo abitare il luogo emerge una memoria "nuova", derivata da quanto il sito dice e suscita in nostra presenza. Nel caso di Cerveteri, da quanto "dicevano" le pietre, i tumuli, gli alberi, i rumori degli animali e del vento, il cielo notturno, le stelle; e i turisti, le guide, i comportamenti dei visitatori. Le stesse incertezze e contraddizioni della storia hanno in vari modi alimentato il carattere visionario dello spettacolo, le sue ambivalenze e pluralità di senso[49].

Se nei casi esposti il lavoro, per la natura e conformazione dei luoghi, si è organizzato come percorso all'interno di una porzione relativamente estesa di territorio, in altri, dove è stata una singola architettura ad imporre la propria forza suscitatrice, si è concentrato in un'area fisicamente più delimitata. In *Porte di luce*[50], spettacolo creato nel 2008 a Roma, al Museo delle Mura di Porta S. Sebastiano, l'edificio era stato assunto come punto di partenza della creazione sia nel suo essere parte significativa e nodale delle mura aureliane, che nella sua attuale funzione di museo. In riferimento a questo doppio aspetto, il lavoro era diviso in due parti spazialmente distinte, interagenti tra loro: un insieme di interventi di luce all'esterno, sulla Porta S. Sebastiano e sull'arco di Druso, fruibili anche da chi era di passaggio nelle strade adiacenti, e un itinerario teatrale all'interno del museo, con accesso regolato. Alludendo anche alla posizione di limite e passaggio tra interno ed esterno propria delle mura e della porta, le proiezioni sulle facciate erano visibili, attraverso le finestre, anche dall'interno; e lo svolgersi dello spettacolo dentro il museo veniva percepito, nei suoi spostamenti da un piano all'altro, anche da fuori, attraverso l'accendersi e spegnersi delle luci negli ambienti interni, secondo i tempi del percorso, che si venivano a comporre con le proiezioni sulle facciate. Le forme luminose in movimento proiettate all'esterno erano fortemente radicate nell'architettura. E la scelta di effettuarle era suggestionata anche dall'essere stata la Porta S. Sebastiano, nel corso dei secoli e in diverse occasioni, supporto di allestimenti ed interventi figurativi effimeri per eventi celebrativi. E si sono quindi configurate anche, nel nuovo contesto, come una sorta di riattribuzione alla Porta di una funzione di coagulo di immagini legate a un'occasione speciale del proprio tempo. All'interno dei diversi piani del museo, il pubblico, scaglionato in gruppi, seguiva un itinerario nel quale i testi, le azioni, la luce e il suono avevano riferimenti alla storia dell'edificio e delle mura romane, al museo e agli elementi in esso esposti, ai comportamenti dei visitatori e delle guide.

## Luogo e drammaturgia

L'affermazione che nel teatro dei luoghi il sito venga inteso come un "testo" va precisata. Il luogo non è, come un testo, un insieme

Daria Deflorian in *Le addormentate*, Roma, 1995

di "segni", se non nella sua superficie, e non può essere semplicemente oggetto di una "lettura". La similitudine con il testo teatrale sta essenzialmente nel suo ruolo generativo e nella sua posizione di partenza all'interno del processo creativo; nel suo ruolo di matrice, di struttura a partire dalla quale lo spettacolo viene creato. Questa funzione e questa collocazione pongono una serie di questioni. Il luogo non è un'opera. È *realtà*. Non è il frutto del lavoro di un singolo autore e non possiede la coerenza di un testo scritto. Deriva da e vive in relazione a complessi processi ai quali concorrono la natura e l'uomo. È ambito infinitamente articolato, vissuto e vivo, carico di memoria. Durante il lavoro, il luogo richiede ai componenti del gruppo di essere abitato, vissuto, percepito con tutti i sensi, per un certo periodo. Richiede un'immersione e una relazione di scambio sensibile.

Le scelte che gradualmente si fanno sul piano drammaturgico derivano in misura circoscritta dalla elaborazione preventiva (le intenzioni e il progetto iniziali) e in misura maggiore dal proces-

## luogo e drammaturgia

so stesso, dal modo nel quale le relazioni tra la compagnia e il luogo, e quelle interne alla compagnia durante il suo operare sul posto, si configurano nel progredire del lavoro, si organizzano nello spazio e si trasformano nel tempo. Dar forma alla drammaturgia a partire dal luogo significa quindi far incontrare su un piano coerente delle entità eterogenee, e rielaborarle per farle agire poeticamente, e in maniera concatenata, nello spettacolo.

Le drammaturgie possibili a partire da un sito sono innumerevoli, come innumerevoli sono, nella vita, le possibili azioni che si possono svolgere in relazione a un luogo, e come, del resto, sono innumerevoli le possibili drammaturgie a partire da un testo poetico o narrativo tradotto teatralmente, o da un testo drammatico rielaborato in termini di "scrittura scenica".

La drammaturgia, nel teatro dei luoghi, è una struttura che si forma passo dopo passo nel corso del lavoro e alla quale, sotto l'influenza del sito, concorrono il corpo, la parola, il movimento, lo spazio, la luce, il suono. La *realtà* del sito, le sue vicende, le persone che in esso hanno vissuto o vivono e le sue "voci" vengono ad alimentare la creazione dello spettacolo in tutti i suoi aspetti, compresa la parola. Anch'essa non deriva dall'adozione di un testo o di testi preesistenti, ma è generata dallo spettacolo nel suo farsi; dalle influenze, evocazioni, suggerimenti che il luogo propone agli artisti che vi lavorano, attraverso le sue presenze e i suoi ricordi. Dagli eventuali riferimenti letterari indotti dal lavoro sul posto. Il rapporto tra testo scritto e spettacolo quindi si capovolge: non c'è un testo scritto alla base dello spettacolo, ma è lo "spettacolo", nel suo farsi in relazione al luogo, a generare le parole ed il testo. La presenza della parola ha quindi un peso variabile, che cambia da spettacolo a spettacolo. In alcuni lavori la parola è molto presente, in altri meno, e, in questi casi, il lavoro dei performer si incentra maggiormente su altre forme di espressione, come la gestualità e il movimento. La presenza della parola e la sua misura non dipendono da scelte predefinite. Non dipendono, ad esempio, da una opzione tra teatro e danza. Derivano dal processo. Nel quale la parola può trovare o meno

## lo spettacolo generato dalla realtà

le sue motivazioni, così come può non trovarle e come possono trovarle o meno tutti gli altri elementi espressivi. È un po' come nella vita: a volte c'è molto bisogno di parlare, altre meno.
Faccio due esempi che, da questo punto di vista, rappresentano casi opposti. In *Teatri in gioco*, il citato lavoro creato al Centro Nazionale di Atletica Leggera di Formia nel 1998[51], c'era pochissima parola. Il posto nel quale lavoravamo è un luogo di attività fisica, spazi specializzati, attrezzature, non un luogo di parole. Questo ha influenzato fortemente le scelte mie e dei componenti del gruppo, inducendoci a lavorare soprattutto in termini di azioni fisiche e di installazioni, dislocate in diversi punti di un percorso di alcune centinaia di metri. La parola emergeva in pochi punti. All'inizio dello spettacolo, gli altoparlanti del campo di atletica mandavano un testo di incitazione a camminare rivolto agli spettatori che accedevano nell'area; l'installazione all'interno dell'auditorium era commentata da una surreale cronaca sportiva; nella mensa per gli atleti (che è luogo dove si parla) Marcello Sambati e Carmen López Luna, a un capo e all'altro di un lungo tavolo inclinato che attraversava la vetrata dell'edificio – Marcello all'esterno e Carmen all'interno – davano luogo a una sorta di dialogo amoroso, intessuto di termini sportivi, scritto sul posto dallo stesso Sambati: erano le uniche parole dal vivo in tutto il lavoro.
Un esempio opposto è *Folgore lenta*, lavoro del 1997 dedicato all'artista francese Yves Klein, e ad altri personaggi, artisti o

 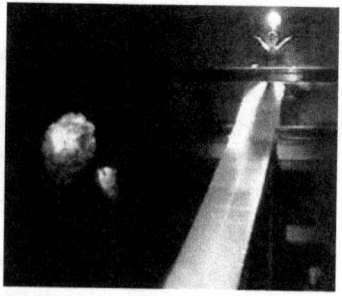

*Spirito dei luoghi 98: Teatri in gioco*,
Scuola Nazionale di Atletica Leggera, Formia, 1998.
Giovanna Summo e, a destra, Marcello Sambati e Carmen López Luna.

## luogo e drammaturgia

pensatori, che, come lui, hanno tentato di spiegare la natura e le leggi del colore. Era uno spettacolo per il palcoscenico (e, come ho detto, i procedimenti che stanno alla base dei lavori per il palcoscenico non sono diversi da quelli del teatro dei luoghi, dai quali differiscono essenzialmente per il diverso peso delle preesistenze). In esso, la parola era fortemente presente. Le parole erano tratte, in parte, da testi di Klein, Goethe, Wittgenstein, rielaborati attraverso il lavoro collettivo nello spazio, al quale partecipava il drammaturgo, fortemente interrelato con quanto andavamo elaborando in termini di azione, movimento, luce, suono. Un'altra importante fonte di parola furono i sogni delle attrici nel periodo delle prove. Quando cominciarono a raccontarmeli, chiesi loro di scriverli, in modo da tenerli come ulteriori materiali di base per la creazione dei testi. Come avemmo modo di constatare, quei sogni erano in buona parte generati da quanto facevamo ogni giorno in teatro, indicativi della reazione emotiva delle due attrici al contesto immaginifico del lavoro, densi di associazioni rispetto a quanto facevamo nelle prove. Contrariamente agli altri materiali testuali, provenivano "da dentro". La loro adozione corrispondeva anche al nostro modo di lavorare, nel quale le personalità dei performer e i loro accadimenti interiori entrano nella determinazione dello spettacolo esattamente come le determinanti esterne. Combinandosi con queste. Durante il processo, i testi rielaborati e quelli creati ex-novo venivano provati e riscritti continuamente fino a trovare assetto e dinamica nel rapporto con gli altri elementi e con il ritmo generale del lavoro. Alla fine, la parola assunse un ruolo ed un peso consistenti, una precisa necessità e, mi sembra, una costante tensione rispetto alla gestualità, allo spazio, alla luce, al suono.

Un'ultima notazione riguarda l'unicità della drammaturgia di ogni singolo lavoro di teatro dei luoghi. È evidente che uno spettacolo di questo tipo, date le sue caratteristiche, non è riproducibile in un sito diverso da quello in cui è nato. Non è quindi trasportabile e riproponibile. Non può "girare". Questo potrebbe sembrare uno svantaggio in termini economici e produttivi. E in parte, forse, lo è. Ma fino ad un certo punto. Col passare del tempo

Irene Coticchio e Barbara de Luzenberger in *Folgore lenta*, 1997

ho potuto verificare come la creazione ricorrente di questo tipo di spettacoli porti chi vi partecipa ad accumulare esperienze rispetto alle modalità operative e all'elaborazione dei materiali poetici in condizioni date, che poi rendono l'operare relativamente più semplice nelle produzioni successive. Lo sviluppo dell'attitudine all'apertura, all'ascolto e alle relazioni facilita il lavoro e lo rende reattivo, produttivo e, in genere, piuttosto veloce.

## Un teatro di poesia

Il teatro dei luoghi è, come tutto il lavoro della mia compagnia, teatro di poesia. Non fa riferimento a testi drammatici o narrativi preesistenti. Non ha struttura lineare, come quella generalmente propria di un racconto. Non vi sono dialoghi. Non ha altra matrice che il luogo stesso, con la sua vita presente e la sua storia, i suoi caratteri identitari, gli abitanti, le opere, le funzioni, gli spazi, le relazioni, i rumori. Non viene preparato in altri ambienti, se non nell'unica parte di lavoro svolta "a tavolino", nella fase di primo progetto. Generalmente non viene, nemmeno in piccola parte, preparato in sala prove. Non si riferisce ad un tempo diverso da quello del sito nel momento in cui si attua il lavoro, per quanto in questo tempo confluiscano la memoria del luogo e l'immaginario sul suo futuro. La sua struttura deriva dalla interpretazione e rielaborazione in termini poetici – una delle tante possibili – dei diversi aspetti del luogo. Alcuni dei quali, a volte – per motivi non sempre predeterminati, ma che vengono comunque ogni volta legittimati dal processo – possono assumere una posizione privilegiata e un ruolo più importante rispetto ad altri. L'impianto di uno spettacolo di teatro dei luoghi, come di quelli da noi realizzati per il palcoscenico, si forma e funziona per associazioni profonde, come nella musica, nella pittura astratta o nella poesia. Ad esso concorrono, nel corso del processo, quantità di legami sotterranei, relazioni, associazioni, combinazioni, riferimenti, anticipi, ritorni, coincidenze, che si determinano passo dopo passo per interrelazioni, sedimentazioni, configurazioni strutturali provvisorie, che assumono gradualmente assetti precisi. Come nella musica, il risultato finale del processo è trascrivibile in una partitura. Quest'ultima ha un grado di definizione diverso da caso a caso, ed in una certa misura è – fatto importante e costitutivo del fondamento relazionale di questo tipo di lavoro – aperta a variazioni, all'interno delle linee generali che il processo ha determinato. Le variazioni possono verificarsi non solo come consapevoli aggiustamenti da una replica all'altra, ma anche come frutto della naturale reattività dello spettacolo ad evenienze impreviste (sui piani materiale, organizzativo, atmosferico, del comportamento del pubblico) nel corso delle repliche. Anche nel caso che tra i materiali che influenzano la creazione vi siano *racconti* legati al luogo e alle sue vicende, sentiti e

il teatro dei luoghi

raccolti sul posto, essi non portano il lavoro in una direzione narrativa, non ne mutano l'impianto di tipo poetico. Influenzano certamente lo spirito e l'energia dello spettacolo, ma prendono una forma non lineare, che trova nuovo senso ed unità componendosi con gli altri elementi dello spettacolo. La poesia cui tende il teatro dei luoghi non è fatta solo di parole. È anche poesia del corpo, dello spazio, della luce, del suono. E di tutti questi elementi in relazione tra loro, come è proprio, in generale, del teatro. Ma qui il fattore unificante è il luogo, o meglio il nuovo "luogo" che lo spettacolo crea a partire da quello trovato. E quest'ultimo, il luogo trovato, dopo aver svolto nel processo una funzione generativa, nello spettacolo tende a divenire componente costitutiva della struttura del lavoro[52].

### Differenze e affinità rispetto ad altri approcci al luogo

Ho già accennato a come, rispetto alla scelta dello spazio in cui operare ed al modo di relazionarsi ad esso, non vi siano sostanziali corrispondenze tra il teatro dei luoghi e le esperienze – passate ed attuali – che ragionavano o ragionano principalmente in termini di negazione del luogo deputato tradizionale. Penso ad esempio al teatro di strada o al teatro politico degli anni Sessanta e Settanta. Nonostante possano esservi in comune con essi alcune modalità di lavoro, oltre che spinte ideali ed un sentimento di opposizione rispetto a quanto è stabilito per pura convenzione, vi sono importanti differenze legate al fatto che il teatro dei luoghi affronta la questione del sito principalmente dal punto di vista della sua identità[53]. Ogni luogo, in questa prospettiva, è potenzialmente oggetto di interesse. E lo è sulla base dei suoi caratteri specifici. L'interesse per l'identità dei siti è motivato anche dalla coscienza di alcune questioni cruciali poste dalla contemporaneità. In particolare, di questioni, legate allo sviluppo mediatico, come la perdita di contatto della vita quotidiana

differenze e affinità

*Quel che ho visto e udito*, con gli studenti delle Accademie di Belle Arti e dei DAMS di Firenze e Roma, 2012. A sinistra: Simona Lisi

rispetto ai luoghi o le criticità che le forme di comunicazione a distanza e i social network creano, accanto a nuove opportunità, sul piano dei rapporti interpersonali e dei modi di sentire lo spazio. Fatti che rimettono in discussione e ridefiniscono il ruolo del corpo e del luogo nella nostra esistenza, e le identità locali.
Anche per queste sue motivazioni, il teatro dei luoghi ha delle affinità, forse più che con le esperienze storiche prima citate, con alcuni episodi radicali, e per certi versi anomali, della ricerca teatrale degli anni Settanta. Ruggero Bianchi, a proposito del lavoro dello statunitense Snake Theatre, ha parlato di «allestimenti all'aperto progettati e realizzati in un sito particolare e anzi germinanti da esso (e, di conseguenza, intrasportabili in ogni senso e non ripetibili in uno spazio che non sia quello originale)». Essi «pur rintracciando le proprie origini nello *street theatre* degli anni Sessanta, ne sovvertono drasticamente ogni logica, in quanto vogliono proporsi come terminale di un'evoluzione da un'idea di teatro come azione trasferita in uno spazio non teatrale a un'idea di teatro come assunzione in chiave estetica di uno spazio non teatrale che è esso stesso matrice del processo creativo». Inoltre, «attribuiscono la massima importanza alla 'memoria' del luogo»[54].
Un ambito della ricerca teatrale con il quale il teatro dei luoghi ha evidenti relazioni è il cosiddetto *site-specific theatre*. Si tratta però di un campo vasto e poco definito, che, come ha rilevato

## differenze e affinità

Mike Pearson, l'artista e studioso che, maggiormente e con più rigore, si è dedicato all'analisi di questo approccio, oscilla tra configurazioni anche molto diverse tra loro[55], che vanno dallo spettacolo «concepito sulla base di un luogo reale; ovvero fuori dall'edificio teatrale convenzionale»[56], a quello caratterizzato da uno «scambio articolato tra l'opera e i luoghi nei quali essa definisce il proprio senso»[57].

Il proliferare, negli ultimi anni, degli studi internazionali sui rapporti tra teatro e luogo ha prodotto rispetto a questo tema una quantità di definizioni differenti, o di sinonimi, facendo comparire di volta in volta, davanti ai termini *theatre* o *performance*, aggettivazioni come *site-conditioned, site-determined, site-referenced, site-conscious, site-responsive, site-sensitive, context-specific, site-based, site-dominant, site adjusted, site-symphatetic, site-generic* e non poche altre. Le quali, con sfumature e punti di vista diversi, rilevano comunque una rinnovata attenzione al luogo come elemento generativo della performance. Tra i contributi che hanno cercato di mettere ordine in questa variegata terminologia, mi sembra interessante quello di Fiona Wilkie[58], che distingue gli interventi *site-sympathetic* (messe in scena di un testo in un luogo per esso ritenuto adatto) da quelli *site-generic* (spettacoli concepiti per una serie di luoghi dello stesso tipo) ed ambedue da quelli *site-specific*, che definisce «spettacoli espressamente concepiti *a partire da* o *per* un luogo prescelto»[59]. Wilkie mette poi in evidenza un elemento – inconfutabile – che accomuna tutti gli interventi di *site-specific theatre*: la doppia funzione, di strumento e di matrice, svolta dal luogo.

Elementi di affinità si possono anche individuare tra il teatro dei luoghi e il cosiddetto *immersive theatre*, definizione diffusasi in anni recenti, riferita a quel tipo di teatro definito da Josephin Machon «fisico, sensuale e partecipativo, nato dalla fusione tra l'arte di installazione e il teatro fisico e visivo degli anni Ottanta», i cui ingredienti sono essenzialmente «il paesaggio, l'archi-

Giovanna Summo in *Centro e ali*, 1996

il teatro dei luoghi

*Centro e ali,* 1996. Sopra: Carmen López Luna.
Sotto: Anne Line Redtrøen, Giovanna Summo e Carmen López Luna

tettura, la scenografia, il suono e il contatto umano diretto»[60]. Affinità che forse riguardano in particolare il tipo di relazione (di tipo "immersivo", appunto) che viene instaurata con il pubblico e forse meno il modo in cui il lavoro viene strutturato, che nel teatro dei luoghi pone al centro la concatenazione drammaturgica dei diversi elementi espressivi e delle diverse azioni.
Ulteriori esperienze con le quali il teatro dei luoghi potrebbe essere in qualche misura rapportato appartengono ad altri campi di attività artistica, come l'arte ambientale. Un esempio che mi sembra significativo per le affinità sul piano metodologico è l'installazione *Mendota Stoppages*, realizzata dall'artista californiano James Turrell nel 1969. Il lavoro venne realizzato all'interno di un appartamento di Ocean Park, in California, dopo nove mesi di osservazione da parte dell'artista dei modi nei quali la luce esterna – naturale e artificiale – entrava nell'appartamento attraverso le aperture, nelle diverse ore del giorno. Turrell creò una serie di mascherature delle finestre e di spostamenti interni per rimodellare la luce proveniente da fuori, e ridefinirne le forme e la percezione negli spazi dell'appartamento. L'aspetto diurno dell'installazione era legato ai cambiamenti e ai movimenti della luce naturale. L'aspetto notturno, suddiviso in dieci stadi percepibili in stanze diverse e che implicavano dei cambi nelle mascherature, era invece legato alla luce artificiale presente sul posto: l'illuminazione pubblica, i fari delle auto, le insegne dei negozi, alcune delle quali intermittenti. Peraltro, «erano incluse nella sequenza anche alcune sorgenti luminose in movimento, controllate dalla posizione delle aperture, da come lo spazio era orientato rispetto a queste e dalla direzione dalla quale le diverse luci provenivano. Tutte le lampade a vapori di mercurio [illuminazione pubblica, *n.d.r.*] erano situate a una certa altezza, i fanalini rossi [delle auto, *n.d.r.*] scendevano sempre dalla stessa parte della strada e i fari anteriori bianchi salivano dall'altra. La maggior parte dei guidatori californiani si fermavano prima dell'incrocio. A volte però qualcuno si fermava all'interno dell'attraversamento pedonale, e per questa circostanza specifica vi era un'apertura orientata in modo da catturare soltanto la luce

il teatro dei luoghi

di quell'evento. Non accadeva spesso; generalmente, una decina di volte ogni sera»[61]. Pur non trattandosi di teatro, è evidente in questo lavoro l'adozione di principi e metodi affini a quelli del teatro dei luoghi: l'assunzione del sito nella sua vita autonoma; il lavoro profondo di ascolto; la rielaborazione della situazione trovata in termini poetici; l'attenzione ai dettagli; la trasformazione del sito in un *luogo nuovo*, ma radicato e in continuità rispetto alla situazione preesistente; la ricerca di essenza e la visione di questa essenza in termini di possibilità (artistiche, e non solo) per il luogo. Questi stessi principi e metodi sono stati in seguito applicati da Turrell a diversi altri lavori e, in particolare, al grande progetto *Roden Crater*, in corso di realizzazione in un deserto dell'Arizona, che avrà come esito una grande costruzione semi-sotterranea: una sorta di grande tempio laico della luce e dell'ascolto, costituito da un percorso nel ventre di un vulcano spento, acquisito dall'artista, nel quale il pubblico, attraverso corridoi e passaggi, accederà progressivamente a diversi ambienti, progettati come sofisticate macchine percettive della luce, degli spazi, dei suoni. Squarci e tagli nell'architettura renderanno possibili – di notte e di giorno – visioni ed ascolti cosmici, col concorso dei materiali, delle luci e delle tecnologie impiegate negli interni[62]. Il progetto ha tratto ispirazione dall'attitudine delle popolazioni native della zona, per anni frequentate da Turrell, all'osservazione e alla lettura del cielo e degli astri, e ripropone, in un mondo nel quale la connessione tra terra e cielo sembra smarrita, un nuovo collegamento sensibile con la volta celeste.

Un'altra modalità delle arti visive con la quale il teatro dei luoghi ha certamente dei punti di contatto è l'*arte relazionale*, pratica artistica di tipo intersoggettivo, emersa negli anni Novanta del secolo scorso, che assume come orizzonte teorico «la sfera delle interazioni umane e il suo contesto sociale, piuttosto che l'affermazione di uno spazio simbolico e *privato*», e che è anche espressione della «crescente *urbanizzazione* dell'esperienza artistica»[63]. Le affinità potrebbero essere soprattutto nel fatto che l'arte relazionale è un'arte di azioni che si definiscono a partire dai rapporti concreti con la realtà, e che è rivolta anche ad «ap-

## determinanti "esterne" al sito

Daria Deflorian in *Accessibile agli uomini*, Forte Prenestino, Roma, 1993
e, a destra, Katia Cuoco in *Dentro il giardino*,
Giardino degli aranci, Sermoneta, 2006

prendere ad abitare meglio il mondo»[64] e a costituire nuovi modelli d'azione, diversi da quelli quotidiani[65]; un'arte che assume come punto di partenza le contingenze della situazione trovata e tende a creare, attorno all'intervento, ambiti e momenti di mediazione e di scambio[66]; e che è anche molto consapevole delle modalità che l'ordine sociale attuale mette in opera per limitare le possibilità di relazioni interpersonali[67].

### Determinanti "esterne" al sito

Per quanto gli spettacoli di teatro dei luoghi tendano a seguire principi di base e regole comuni, alcuni dei quali ho cercato di individuare, ogni spettacolo costituisce un caso a sé. Perché risente del periodo e del contesto generale nel quale viene creato, vi partecipano persone differenti, nasce in condizioni materiali, organizzative, economiche, relazionali specifiche, e questo incide, in maniera più o meno incisiva, sulla direzione che il lavoro intraprende e sul modo in cui viene strutturato.
Un elemento di differenza di certi lavori rispetto ad altri può

essere costituito dalla presenza di determinanti drammaturgiche, per così dire, "esterne" al luogo. Mi riferisco ai casi nei quali, per ragioni che possono essere diverse di volta in volta, alla matrice-luogo si aggiunge il riferimento ad un'opera narrativa o poetica, oppure al complesso della produzione letteraria di un autore[68]. Ho già accennato alla questione citando *Accessibile agli uomini* e *Acuta di conoscenza, amara di nostalgia*, i due studi dedicati ad Ingeborg Bachmann, creati nel 1993 con Daria Deflorian in due siti non teatrali. In essi il lavoro sulla Bachmann si combinava con quello sul sito. E al sito non era affidata una funzione di "ambientazione" di un universo poetico, ma un ruolo, rispetto a quest'ultimo, generativo e di scambio. Gli spazi e gli oggetti divennero in quei lavori fattori di alimento e di risonanza rispetto all'universo poetico della Bachmann, pur mantenendo la loro natura ed autonomia. In *Acuta di conoscenza, amara di nostalgia*, il foyer del Teatro Flavio Vespasiano di Rieti, dove la performance era stata creata e presentata, luogo tipicamente "rosso e oro", con stucchi, decorazioni e grandi specchiere, entrò in relazione col mondo della Bachmann in diversi modi. Il lavoro era nato come una sorta di lettura-spettacolo sulla base di un impianto drammaturgico elaborato da Daria Deflorian. Una volta sul posto, suggestionati da quella sala, avevamo cominciato ad utilizzare arredi e oggetti trovati sul posto, aggiungendo pochissimi elementi essenziali, come microfoni e qualche faro teatrale. Man mano che si stava sul posto, crescevano i suggerimenti che il luogo proponeva. Nel foyer vi erano una serie di divanetti angolari rivestiti di broccato rosa. Li collocammo in diversi punti della sala. Le loro forme sinuose risuonavano al contatto con certi testi, e con aspetti della personalità e dell'opera della Bachmann. Alcuni dettagli degli affreschi del soffitto, svelati in un preciso momento da un ritaglio di luce, avevano anch'essi le loro corrispondenze con le azioni, così come la luce che in un altro momento filtrava attraverso i vetri smerigliati sovrastanti le porte del foyer, decorati con disegni trasparenti che si proiettavano sui soffitti e sulla parete opposta. Uno specifico ruolo assunsero i lampadari e le appliques di cristallo che

determinanti "esterne" al sito

Daria Deflorian in *Acuta di conoscenza, amara di nostalgia*,
Teatro Flavio Vespasiano, Rieti, 1993

sono parte dell'arredo della sala. Li collegammo ai dimmer per poterne regolare la potenza e modulare la presenza e la qualità nel tempo. Le lente variazioni di intensità e il diverso livello di illuminazione della sala, nelle differenti parti del lavoro, ne contrassegnavano la struttura temporale e la qualità atmosferica nelle diverse fasi. Non erano estranei a questa scelta il fatto che la vita serale di un teatro all'italiana sia normalmente regolata, durante le rappresentazioni, dallo spegnimento, dall'accensione e dalla regolazione della intensità delle luci; e che la Bachmann sia stata una grande frequentatrice di teatri all'italiana, avendo tra l'altro scritto libretti d'opera. C'era un momento per me di particolare importanza nel quale, verso la fine, quelle luci venivano portate al minimo dell'intensità. E le tradizionali lampadine a filamento, quali erano quelle dei lampadari e delle appliques, quando sono al minimo, emettono un puntino di luce rossiccia molto simile a quello prodotto da una sigaretta accesa nel buio. In quel momento, con tutte le lampadine al minimo, la sala sembrava abitata da un cielo "stellato" di sigarette accese. E la Bachmann, com'è noto, è morta a causa di una sigaretta accesa, per le ustioni causate dall'incendio della sciarpa che indos-

Aloisia Maschat, Alessandra Cristiani e Simona Lisi in *Erosione*, Bergbaumuseum, Klagenfurt, 2007

## determinanti "esterne" al sito

sava, mentre, nella sua casa romana, fumava sotto l'effetto dei sonniferi. Allo stesso tempo, il cielo stellato è una immagine ricorrente nella sua poesia (e lo è anche, in diverse forme, nel mio lavoro). La visione di quel firmamento di "sigarette" era quindi fortemente risonante rispetto a precisi aspetti dell'opera, della vita e della morte della scrittrice. Aspetti che non ero interessato a descrivere, ma a cercare di sollecitare su un piano profondo.

In *Accessibile agli uomini* la performance si svolgeva interamente lungo le pareti di due grandi sale del Forte Prenestino a Roma, unite tra loro da un'apertura a mezza altezza (che originariamente univa dei ballatoi di legno, non più esistenti, che erano parte del sistema difensivo); apertura che, nelle condizioni di luce della performance, non era visibile al pubblico. Daria Deflorian, coautrice ed unica attrice di quel lavoro, nel corso delle sue azioni non scendeva mai a terra. Gli spettatori la vedevano sempre dal basso in alto. Si sdraiava, si sedeva o si muoveva su passerelle a mensola che avevamo approntato a mezz'altezza sulle pareti; passava da una sala all'altra attraverso l'apertura in alto (e il pubblico la seguiva a terra passando da un'ambiente all'altro attraverso una porta) e nel finale si arrampicava sulla parete per mezzo di appigli. Si stabilì anche in quel caso uno specifico scambio tra luogo e scrittura della Bachmann. Nella scelta e disposizione dei testi, nelle azioni, nella gestualità, nell'uso della luce e delle immagini, nel ritmo, la costruzione del pezzo risentì molto del luogo, dei suoi muri e delle sue feritoie, della verticalità, del particolare punto di vista del pubblico e della situazione sospesa, da capogiro, nella quale le azioni si svolgevano.

Anche *Erosione*, spettacolo creato nel 2007 in un ex-rifugio antiaereo a Klagenfurt[69], era ispirato, oltre che al luogo, a una scrittura preesistente: il saggio *L'erotismo* di Georges Bataille. Pure in quel caso si stabilì uno specifico scambio tra il testo e il sito; un sito molto particolare, una caverna di roccia viva ricavata nella montagna nella seconda guerra mondiale, ora parzialmente adibita a museo. Un luogo silenzioso e buio, che trasuda acqua, che ci dava quasi l'impressione di essere dentro un grande utero. L'argomento dell'eros, che ci arrivava attraverso il testo di Bataille, si combinò con la condizione umida e la fisicità corrugata e piena di anfratti della grotta, favorendo le associazioni anche con temi geologici, riguardanti la terra e l'idea della caverna, e ci portò ad estendere i nostri riferimenti ad un altro testo di Bataille, il suo studio sulle grotte di Lascaux, che contiene anch'esso importanti riflessioni sull'essere e sull'erotismo.

Ho già accennato a come, in *Die Schlafenden*[70], spettacolo realizzato nel 2013 alla Tonhof, un castello austriaco, l'incontro tra un testo preesistente – il romanzo *La casa delle belle addormentate* di Yasunari Kawabata – e il luogo abbia significato la combinazione di due mondi molto diversi tra loro, ma con alcuni caratteri comuni. Il luogo ha esercitato una forte influenza sul lavoro. Ed il romanzo, che è rimasto comunque il principale punto di riferimento drammaturgico, ha inciso in maniera determinante sulla configurazione dello spazio. La stalla della Tonhof, completamente svuotata, è divenuta, in una certa misura, un interno "giapponese", senza l'aggiunta di alcun oggetto, accessorio o arredo che contribuisse a questo (se non il piccolo accorgimento di far filtrare la luce dall'esterno attraverso la carta di riso applicata alle piccole finestre con la tipica forma a trifoglio), e pur rimanendo una stalla austriaca. È divenuta, per così dire, *anche* "giapponese", principalmente per effetto di fattori legati alla struttura drammatica, alla sostanza delle azioni, alla semplicità delle immagini e dell'organizzazione spaziale.

 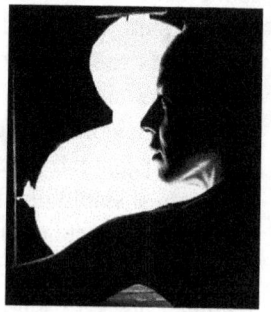

*Die Schlafenden*, Tonhof, Maria Saal (Austria), 2013.
A sinistra: Lucrezia Valeria Scardigno, Maria Cristina Nicoli, Sigrid Elisa Plessnig; a destra: Lucrezia Valeria Scardigno

## determinanti "esterne" al sito

Tra le determinanti esterne possono esservi, come accennato, questioni pratiche e produttive. È quanto è avvenuto in alcuni lavori presentati al festival Volterrateatro del 1998. In quell'occasione creammo, nel centro storico di Volterra, una serie di installazioni e una performance in alcuni laboratori per la lavorazione dell'alabastro, che nel loro insieme costituivano un percorso[71]. Ma ci venne anche chiesto di presentare un lavoro in tre luoghi della provincia di Pisa, in singole serate successive. I luoghi erano: alcune abitazioni private nel centro storico di Monteverdi con i loro spazi esterni ed interni; un grande prato in uno spazio pubblico tra le antiche case di Castelnuovo; e l'interno dell'ottocentesco Teatro dei Coraggiosi di Pomarance, che era stato da poco restaurato. Escludemmo la scelta, a noi poco congeniale, di presentare un pezzo pre-confezionato nei tre diversi luoghi, ed optammo per la creazione in ognuno di essi di lavori legati alle loro caratteristiche. Avendo pochissimo tempo a disposizione, preparammo una struttura aperta di azioni da mettere in gioco e riorganizzare ogni volta. Il risultato furono tre performance completamente differenti. I materiali preparati reagirono infatti in maniera differente ai siti, rispetto ai quali si autoselezionarono, modificarono, arricchirono, strutturandosi diversamente negli spazi, e assumendo ogni volta senso e spirito differenti. Allo stesso tempo, azioni e materiali totalmente nuovi affiorarono tutte e tre le volte sotto la pressione dei luoghi, combinandosi con i materiali pre-elaborati. Fu anche un modo per verificare la forza che il luogo possiede nell'accogliere, modificare o respingere soluzioni date[72].

Un'esperienza per certi versi opposta è quella dei workshop di teatro dei luoghi che, a partire dal 2007, conduco ogni anno per gli studenti del DAMS di RomaTre, per cinque giorni di fila, nell'aula Columbus, un ex-cinema parrocchiale utilizzato per la didattica e i laboratori; workshop nei quali, per far comprendere in modo operativo ai partecipanti i principi di questo tipo di lavoro, l'aula stessa viene assunta come matrice per la costruzione di una breve performance, che viene presentata, in forma di prova aperta, ad un limitato numero di spettatori. Anziché un

## il teatro dei luoghi

gruppo di lavoro che mette in relazione il medesimo impianto di azioni con luoghi diversi, c'è, in questo caso, un unico luogo nel quale si avvicendano differenti gruppi, che operano senza schemi preventivi. Inizialmente, il ripetere il laboratorio nel medesimo posto mi sembrava un limite. Un limite, tra l'altro, anche alla possibilità di rinnovare in me l'energia necessaria a condurre il workshop. Dopo un po' di tempo, questi laboratori sono diventati invece per me motivo di notevole interesse, anche sul piano della riflessione, perché mettono in evidenza le differenze apportate nei risultati finali dalla partecipazione di persone diverse in tempi diversi, e di verificare l'origine e le motivazioni delle soluzioni ricorrenti (che, come ho potuto constatare, sono soprattutto legate a vincoli fisici oggettivi, di accesso e di percorso) e di quelle di tipo nuovo.

 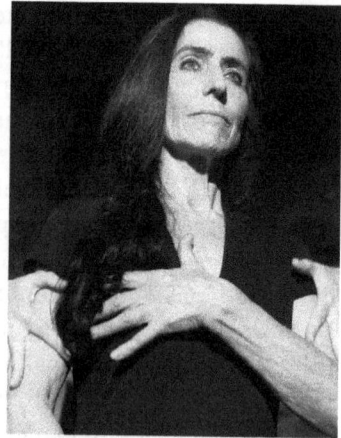

Valerio di Pasquale in *Cammino di ronda*, Castel Mareccio, Bolzano, 1999 e, a destra, Aloisia Maschat in *Erosione*, Bergbaumuseum, Klagenfurt, 2007

lo scambio luce-luogo

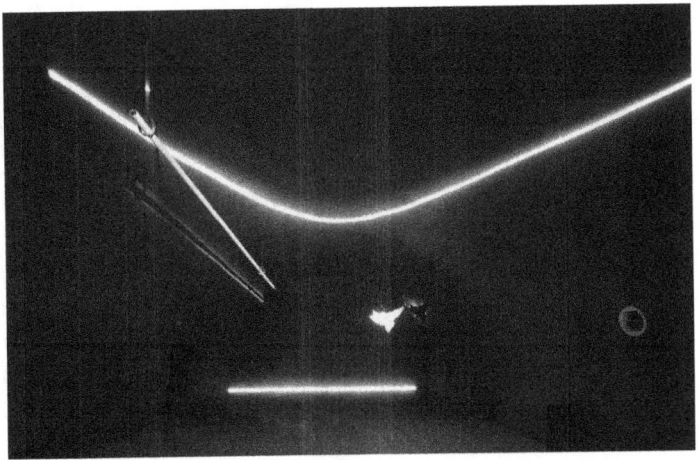

*Wanderjahre*, installazione, con gli studenti dell'Accademia di Belle Arti di Roma, all'interno dello spettacolo-percorso *Wanderjahre* del Teatro Potlach, Fara Sabina, 2012

## Lo scambio luce-luogo

In generale, nel mio lavoro, conferisco alla luce una grande importanza. La mia ricerca, come ho accennato, è partita proprio dalla luce. E questo è avvenuto perché ho sempre pensato che la luce sia stata e sia l'elemento più trascurato del teatro, quello che, maggiormente e più a lungo di altri, ha stentato ad acquisire dignità poetica. Un elemento che, per tanto tempo, si è mosso tra i due poli opposti dell'"illuminazione", da un lato, e della creazione di "effetti" e di "giochi di luce", come si usa dire, dall'altro. Riuscendo raramente a trovare un ruolo sostanziale sul piano artistico e drammaturgico. Per tanto tempo la luce è rimasta relegata in una posizione di servizio, o di confezione e rifinitura dello spettacolo, o a un ruolo effettistico. Questo stride fortemente con quello che essa è invece nella realtà. Stride con la qualità primaria, energetica, generativa che ha in natura. E col ruolo innervante che ha nel mondo contemporaneo, dove è base

il teatro dei luoghi

di molta tecnologia. E stride anche con l'importanza che la luce ha nel pensiero: nella filosofia, nell'estetica, nelle religioni, nella mitologia. In tutte le religioni, i miti della creazione pongono la luce all'inizio. Mentre in teatro la luce è spesso elemento che arriva alla fine, che si appronta negli ultimi giorni delle prove. Questo suo ruolo secondario mi sembra operi assolutamente a sfavore della capacità del teatro di far risuonare il reale.

Esiste infine un modo di pensare consolidato, nell'operatività teatrale, che tende a far appartenere la luce quasi esclusivamente alle sfere della tecnica e dell'immagine, trascurando sue capacità fondamentali, come quella di creare senso e poesia, modellare lo spazio e il tempo, organizzare la drammaturgia, svolgere azioni[73].

Nel mio lavoro cerco di trattare la luce non come fatto accessorio ed aggiunto, che entra in gioco nella fase finale della creazione, ma come elemento sostanziale e di "origine", che è presente nelle relazioni fin dall'inizio della preparazione del lavoro. Come soggetto attivo, che non si limita a "seguire" le azioni o ad indurle, ma le effettua anche, come la musica. E come elemento che partecipa alla sostanza e alla struttura dello spettacolo; che alimenta il lavoro con una propria capacità costruttiva[74], al pari degli attori e degli altri fattori espressivi; che diviene soggetto drammatico e poetico, che può instaurare, con le persone e le cose, rapporti di reciproca determinazione e di scambio[75].

Nel teatro dei luoghi questo significa che la luce, rispetto alle preesistenze, non si limita a "illuminare", a mettere in rilievo o a "valorizzare". Sente fortemente l'autonomia del sito. Tende ad entrare, rispetto ad esso, in un rapporto di influenza reciproca. E svolge una ricerca di essenza. Significa che si creano dei campi di tensione tra luce e materia, tra luce e luogo. Se parliamo di elementi fisici e di architetture, la luce tende a radicarsi negli spazi e negli oggetti in maniera registrata e precisa, e tende a creare, a partire da essi, nuove visioni. Si potrebbe anche dire che si instauri, tendenzialmente, uno scambio di proprietà tra luce e luogo. Che la luce tenda a "diventare" luogo, e il luogo luce.

Questo avviene anche nelle installazioni[76]. In *Pietraluce*, ad esempio, installazione realizzata all'anfiteatro romano di Ca-

lo scambio luce-luogo

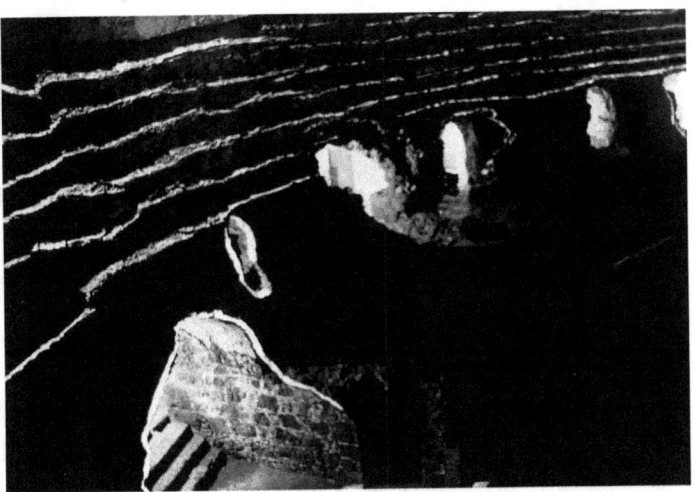

*Pietraluce*, installazione, anfiteatro romano, Catania, 1999

tania nel 1999, sovrapposi una serie di venature luminose sul monumento in pietra lavica, secondo un criterio di irregolare "ricalco" di certi suoi tratti strutturali e di alcuni suoi dettagli. Le forme architettoniche venivano infuocate dalle venature di luce, ed aprivano, nella piazza totalmente oscurata, ad una dimensione sacrale. Così trasfigurate, potevano richiamare, per effetto delle tracce luminose e del chiarore lasciato filtrare dalla cavea, la visione – familiare nella città etnea – della lava "ingrottata" durante le eruzioni. L'intervento aveva un suo motivo anche in quello che accadeva dopo: l'uscita dalle viscere del monumento di un gruppo di musicisti che portavano in testa lucine da minatori, e conducevano il pubblico alle altre "stazioni" della serata[77].

Una soluzione simile a quella dell'anfiteatro di Catania l'avevo adottata l'anno precedente in *Sul posto*, installazione realizzata al ponte romano-longobardo di Parma, dove tracce luminose ripercorrevano la struttura, insinuandosi tra le sue irregolarità. Rendevano il monumento un'immagine "ardente", facendola energeticamente "espandere" nel sottopassaggio di cemento in cui si trova inglobato[78].

il teatro dei luoghi

*Sul posto*, installazione, ponte romano, Parma, 1998

Nel 2013 abbiamo impiegato modalità di questo tipo nell'installazione realizzata nelle rovine sotterranee della chiesa romanica di St. Lurentii, a Roskilde, in Danimarca. Il lavoro era parte della *Lysfest*, la "festa della luce" voluta dalla comunità locale e dalla Roskilde Universitet. Per essa pensammo, con gli studenti e le organizzazioni locali, un percorso di installazioni luminose in diversi luoghi del centro storico, con approccio immaginativo e, allo stesso tempo, con forte adesione all'identità storica della città. A St. Laurentii, la luce aderiva alle rovine, ripercorrendone le forme, le linee, gli spigoli. Gli spettatori potevano vederla a distanza ravvicinata, percependo nei dettagli i modi nei quali la luce e la materia entravano in contatto tra loro, trasformandosi reciprocamente. E questo conferiva al luogo un carattere calmo e meditativo, un'aura nella quale poteva riecheggiare l'originaria destinazione dell'edificio a luogo per il culto. Allo stesso tempo ogni visitatore poteva elaborare, a partire da quanto vedeva, le "proprie" immagini[79].

Tra i luoghi della *Lysfest* vi era la Domkirke, la cattedrale di Roskilde, il più grande edificio religioso della Danimarca, che

Io scambio luce-luogo

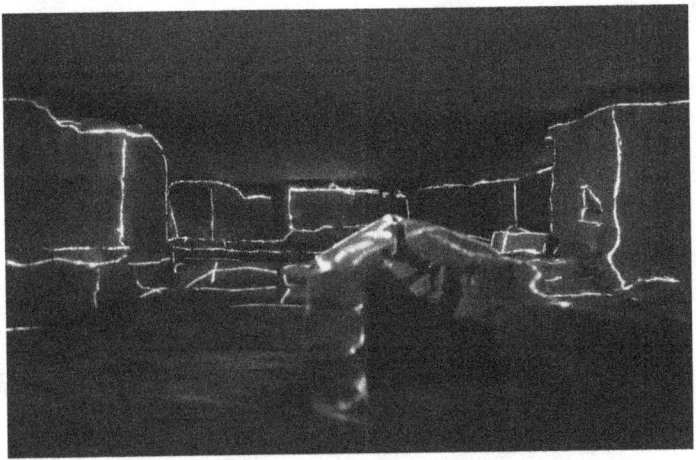

*Lysfest*, installazione, con gli studenti della Roskilde Universitet, St. Laurentii, Roskilde (Danimarca), 2013

ospita i sepolcri di quasi tutti i re che si sono avvicendati nella storia del paese. Già nel materiale informativo e negli inviti, l'organizzazione aveva sollecitato gli spettatori a entrare nella chiesa, la sera dell'evento, muniti di proprie torce a batteria. L'interno era stato oscurato. Solo la cappella di Federico V, dove avevamo creato un'installazione, aveva la propria luce. Ogni spettatore poteva – in quell'ambiente semioscuro, vasto e pieno di opere d'arte – organizzare il proprio "viaggio", illuminare con la torcia parti dell'architettura, delle decorazioni, delle sculture, scoprendone i dettagli. Il brulichio dei visitatori, il muoversi delle loro luci, la forte energia che si creava nello spazio erano parte costitutiva dell'intervento, rispetto al quale i visitatori svolgevano in tal modo una parte attiva.

Un altro tipo di modalità che utilizzo nelle installazioni di luce è quella che chiamo delle "architetture mobili". Anche in esse è mantenuta l'idea dell'oggetto che si fa "origine" della luce, ma quest'idea è applicata in termini dinamici.

In un lavoro che si chiamava proprio *Architettura mobile*, realizzato al Museo Laboratorio d'Arte Contemporanea dell'Univer-

sità "La Sapienza" di Roma[80], avevo assunto una sala del museo come struttura-origine a partire dalla quale dare vita ad un ambiente dinamico, costituito da forme di luce in movimento. Una video-animazione, elaborata al computer a partire dall'architettura, veniva proiettata in maniera da aderire tridimensionalmente alla fuga dei pilastri e delle travi. Una seconda proiezione della stessa animazione veniva invece mandata su una parete di fondo. La medesima immagine in movimento, quindi, veniva proiettata su due "schermi" diversi: uno tridimensionale, l'altro bidimensionale; mettendo a nudo il procedimento, i suoi aspetti ottici e il ragionamento sui rapporti proiezione-spazio-schermo che stava alla base del lavoro.

Era un'"architettura mobile" anche l'installazione realizzata l'anno precedente a Ponte Milvio, a Roma[81]. Per crearla, avevo assunto come struttura generatrice delle proiezioni la facciata della Torretta Valadier che si trova su un lato del ponte. A partire dalle forme della sua facciata, avevo elaborato, combinando software di montaggio e di grafica, un'animazione di immagini geometriche, che, proiettate sull'edificio, producevano un'architettura virtuale mobile sovrapposta all'architettura reale. Per effetto di questo dispositivo, la torre sembrava eseguire una "performance" incentrata sul movimento delle proprie parti, sugli spostamenti ritmici e sulle colorazioni variabili delle modanature, delle cornici e dei bugnati; e sul suono. Il lavoro era un omaggio a Giuseppe Valadier e all'architettura neoclassica della torre. Ma la sua preparazione aveva risentito anche di altre suggestioni legate alle memorie del luogo. Suggestioni derivanti, ad esempio, dal fatto che a Ponte Milvio ebbe il suo momento cruciale la famosa battaglia *ad saxa rubra* fra Costantino e Massenzio. Alcune soluzioni adottate, come il movimento delle "lance" di luce, emesse da proiettori Space Cannon, rivolte verso il cielo, i boati del sonoro, i colori da vessillo delle forme proiettate, il ritmo delle immagini e la qualità del suono, erano fortemente evocative dell'idea della battaglia. Le lance di luce, peraltro, in alcuni momenti

*Lysfest*, installazione, con gli studenti della Roskilde Universitet, Domkirke, Roskilde (Danimarca), 2013

si incrociavano in alto per qualche secondo, quasi a suggerire la croce luminosa apparsa in sogno a Costantino, con la famosa incitazione *in hoc signo vinces*. Il ponte, nel corso del tempo, ha subito attacchi, danneggiamenti, bombardamenti. I fasci di luce mobili puntati verso il cielo e il sonoro erano legati anche all'idea delle contraeree. La relazione con queste memorie non generò soluzioni descrittive o narrative, tantomeno ricostruttive. Pur con i suoi molti riferimenti, l'installazione era qualcosa di totalmente nuovo, con una propria logica interna, compositiva e drammaturgica. Questo permetteva diversi piani di lettura, e poteva dar luogo ad interpretazioni e fantasie differenti da parte degli spettatori, anche svincolate dalle vicende storiche, che non tutti potevano conoscere[82].

Negli spettacoli teatrali, lo scambio luce-luogo è più complesso, perché la luce si rapporta a un numero maggiore di variabili, tra le quali il testo, la parola, il corpo. E lo fa necessariamente in maniera molto articolata. Un esempio sulle modalità con le quali la luce può entrare in una complessa relazione di scambio con l'attore lo espongo più avanti, relativamente allo spettacolo *Il pudore bene in vista*. Un esempio sulle relazioni luogo fisico-luce in uno spettacolo teatrale potrebbe essere il già citato *Erosione* (2008), dedicato a Georges Bataille[83]. In questo lavoro, le azioni delle attrici si combinavano o alternavano con immagini in movimento date da proiezioni digitali sulla pietra. Le animazioni video erano state create sulla base delle forme della roccia, delle prominenze, delle rientranze, delle fessure, delle spaccature. Come ho accennato, uno dei riferimenti del lavoro era il libro di Bataille sulle pitture primitive delle grotte di Lascaux[84] e le immagini "generate" dalle pietre richiamavano in una certa misura i dipinti rupestri. Non in termini figurativi e stilistici, ma per il loro modo di aderire alle pareti rocciose, e prendere spunto, nella loro disposizione e composizione, dalle forme e dai rilievi della pietra. Questa si colorava in alcune sue parti, i graffiti luminosi camminavano tra le fessure, la "neve elettronica" affiorava dalle

*Lysfest*, installazione, con gli studenti della Roskilde Universitet, Palazzo comunale, Roskilde (Danimarca), 2013

rocce. Non c'erano le geometrie di Ponte Milvio, ma forme di luce legate alle irregolarità della caverna.

Quando lo spettacolo viene creato e presentato di giorno e all'aperto, il lavoro sulla luce si sposta evidentemente sulla relazione con la luce naturale. È stato il caso di *Dämmli Stück*, performance del 2010, realizzata e presentata sulle rive di un canale d'acqua, nei pressi del lago di Zurigo[85]. In quel lavoro cercai di comprendere che tipo di relazioni instaurare con questa fondamentale preesistenza, con la sua vita autonoma, con le sue variazioni. Di prevedere con cura i rapporti che la performance poteva instaurare con la luce del giorno. Badai che il pubblico, che si sistemava, rispetto alle azioni, sull'altra sponda del canale, si trovasse, a quell'ora, all'ombra dei filari di alberi che costeggiano il corso d'acqua. Calcolai, nello scegliere le aree delle azioni, che vi fosse la possibilità di dar vita a due dimensioni diverse nel rapporto tra la luce e i corpi: una nella quale, nella zona più prossima all'acqua, le tre performer, vestite di diverse tonalità di rosso, apparissero stagliate contro il fondo verde dell'erba che ricopriva l'argine; ed una, invece, in cima all'argine stesso, nella quale le ragazze apparissero stagliate contro il cielo, in controluce. Che erano due dimensioni diverse non solo in termini visivi, ma anche dal punto di vista drammaturgico e del senso generale della performance. Cercai inoltre di mettere a frutto, in termini di articolazione della luce rispetto alle azioni, il fatto che il sole filtrasse attraverso le foglie degli alberi, creando delle zone di chiaroscuro nell'area delle azioni, o i momenti nei quali le attrici si riflettevano nell'acqua. La componente visionaria della performance (componente cui di solito, nel mio lavoro, dà un forte contributo la luce artificiale) era affidata in quel caso soprattutto alle azioni e al suono. Nelle azioni venivano usati diversi richiami di animali, quelli dei cacciatori: fischietti, congegni di legno, piccoli mantici; richiami di uccelli ed animali acquatici effettivamente presenti nel luogo. Il suono si articolava su tre livelli, che interagivano tra loro: i versi reali degli animali del posto, i richiami azionati dalle tre performer e le elaborazioni sonore dei richiami stessi, realizzate in studio. I rapporti tra questi

lo scambio luce-luogo

*Dammli Stück*, Uznach (Svizzera), 2010.
In alto: Lucrezia Valeria Scardigno, Maria Cristina Nicoli.
In basso: Maria Cristina Nicoli, Lucrezia Valeria Scardigno, Elisa Muro

il teatro dei luoghi

Elisa Muro, Maria Cristina Nicoli, Lucrezia Valeria Scardigno
in *Dammli Stück*, Uznach (Svizzera), 2010

tre livelli del suono creavano scambi, associazioni fantastiche, sovrapposizioni, spiazzamenti, dilatazioni temporali, ambiguità percettive: fattori cui erano affidate, in parte considerevole, le intenzioni poetiche e ironiche dello spettacolo, e il suo carattere immagnifico.

## L'apporto del "locale" ai modi d'uso delle nuove tecnologie

Nel descrivere interventi come quelli di Ponte Milvio o del Museo Laboratorio di Arte Contemporanea a Roma, ho toccato la questione della capacità di determinazione che l'architettura, gli oggetti, gli elementi "locali", presenti o di memoria, possono avere nei confronti delle immagini prodotte con tecnologie digitali.

## il "locale" e l'uso delle nuove tecnologie

Si tratta di una questione rilevante. In linea generale, sono interessato a mettere in gioco, nel teatro e nelle installazioni, i rapporti tra le "due realtà", quella reale e quella virtuale, che contraddistinguono la nostra epoca. E sono interessato soprattutto a ricondurre il digitale ad una matrice fisica, ad un ambito di relazioni reali, alla memoria; a relazionare le nuove tecnologie con dimensioni come la profondità, il vuoto, l'ombra: dimensioni costitutive del teatro, che il digitale è facilmente portato ad estromettere.

Un problema di base nell'uso delle proiezioni e delle tecnologie digitali, è costituito dalla loro separatezza tecnica e simbolica rispetto allo spazio fisico, al corpo, alla materia. Il digitale e le proiezioni si configurano facilmente, rispetto al corpo e al luogo, come elementi giustapposti o paralleli. E tendono ad entrare in rapporto con essi molto più in termini di accostamento narrativo, tematico e di contenuti, che non a livello linguistico o sul piano delle relazioni vive, delle energie e tensioni reali, nel momento e nello spazio.

Le tecnologie, negli ultimi decenni, hanno messo operativamente in campo, con strumenti nuovi e con modalità specifiche, la questione del rapporto tra le proiezioni e gli oggetti tridimensionali, intesi non come schermi "neutri", ma quali elementi che influiscono sul soggetto e la configurazione dell'immagine proiettata o, viceversa, concepiti in funzione di quest'ultima[86]. Questo comporta potenziali nuove opportunità per la ricerca di un rapporto reciproco e creativamente fertile tra oggetto e luce[87]. Per quanto mi riguarda, ho cercato di affrontare le questioni relative alle relazioni corpo-oggetto-luce, reale-virtuale, considerando il corpo e il luogo, all'interno dell'idea dell'intercambio della quale ho detto, non solamente come soggetti di interazione rispetto alla luce, alle proiezioni e alla sfera digitale, ma anche come loro "matrici", come elementi generativi, in accordo con l'idea del teatro dei luoghi. Ed ho cercato di stabilire queste relazioni su un piano sostanziale, di organizzare in maniera articolata gli elementi che ad esse concorrono, di affrontare il nodo

*Et molto meravigliosi da vedere*, installazioni di luce nei ponti di Roma: l'intervento a Ponte Milvio, Roma, 2003

reale-digitale in termini di relazioni strutturali e bidirezionali tra le due sfere nel tempo e nello spazio, e sul piano linguistico. Evitando le scorciatoie, le soluzioni preconfezionate, i modi accattivanti ed effettistici come quelli che oggi possono essere suggeriti da software specifici e cercando di mantenere come linea guida il rapporto profondo con il luogo, la sua identità, le sue memorie. Ho tentato questa strada anche per quanto riguarda il rapporto delle proiezioni con quell'altro elemento della sfera fisica che è il corpo. L'ho fatto, ad esempio, nello spettacolo *Il pudore bene in vista* (1991), che ho citato all'inizio a proposito del film girato sull'Etna. Il lavoro si incentrava su un sistema di relazioni tra corpo e immagine entro una struttura spazio-temporale ritmica, nella quale vi erano molti scambi e ribaltamenti tra gli elementi in gioco. La luce, come ho accennato, vi svolgeva una funzione-guida, di disegno e di azione. Assieme alla luce si definivano o da essa affioravano o "fuggivano" i gesti e le parole di tre giovani donne. All'inizio della creazione di questo lavoro, i corpi delle tre performer erano stati assunti a matrici delle immagini. Realizzammo una diapositiva delle tre ragazze, in piedi una accanto all'altra, vestite di bianco su fondo nero. Iniziammo le prove proiettando quest'immagine sulle ragazze stesse – che anche in scena erano vestite di bianco – in maniera coincidente[88]. Questo dispositivo di sovrapposizione immagine-realtà venne assunto, al di là delle sue qualità accattivanti, come una delle basi concettuali, poetiche e tecniche a partire dalle quali il lavoro venne sviluppato e che permise di mettere in campo, fin dall'inizio, i rapporti tra reale e virtuale, tra corpo e immagine, tra bidimensionalità e tridimensionalità. E quelli tra stasi e movimento. Quando le ragazze iniziavano a muoversi "dentro" la diapositiva (che gli spettatori all'inizio potevano pensare fosse *solo* una diapositiva), si creavano precise relazioni tra immagine e gesto, corpo-schermo e corpo-corpo. Le tre performer cambiavano l'immagine con i loro movimenti. Muovevano leggermente le mani, portavano le braccia lentamente sul busto. In un determinato momento, scoprivano le magliette colorate che portavano sotto i vestiti bianchi e l'immagine si colorava di conseguenza. Poteva sembrare che a cambiare colore fosse la proiezione. In questo gioco di relazioni tra realtà e immagine, avevamo anche preparato delle diapositive delle ragazze, nella stessa posizione, con vestiti diversi, gonne, pantaloni e magliette colorate. C'era un momento dello spettacolo nel quale i vestiti proiettati si avvicendavano sui loro corpi: un "cambio di vestiti" virtuale che spostava sull'immagine l'iniziativa del movimento e della trasformazione. Quando poi piccoli spot di luce "bucavano" la proiezione rivelando i visi "reali" delle ragazze, questi emergevano dall'immagine, acquisivano plasticità e sguardo, producevano piccoli movimenti delle labbra e cominciavano a sussurrare poche parole. In quel momento, come ho potuto constatare, tutti gli spettatori realizzavano in maniera definitiva che dentro l'immagine vi erano delle persone. Nel corso delle prove, il movimento intanto acquisiva – all'interno dei confini stabiliti dalle proiezioni e dalla luce – le sue prime regole, che si sarebbero sviluppate nel corso del processo. Per far progredire le relazioni, decidemmo poi di far interagire i corpi con le loro immagini in movimento. Fu questa l'associazione successiva. Girammo così il film sull'Etna del quale ho parlato all'inizio, che entrò nel dispositivo di scambi tra corpo e immagine. Nel pensarlo, tenni in considerazione la posizione delle ragazze in scena. Le loro tre figure bianche che si muovevano sulle discese di lava, una volta proiettate, correvano e gesticolavano – piccole e in campo lungo – sui corpi, che in questo modo divenivano il "mondo" delle loro azioni. In generale, mi interessava che le immagini non fossero semplicemente elaborati pre-registrati da proiettare in scena. La loro scelta ed esecuzione derivava dalla scena stessa. Innanzitutto, dai corpi in scena. Le proiezioni create sulla matrice dei corpi venivano gestite, in termini di interazione bidirezionale performer-proiezione, non attraverso automatismi, ma attraverso le azioni fisiche delle performer e le azioni tecniche rivolte a miscelare le immagini registrate con le luci, gli oggetti e i movimenti dal vivo. Il corpo si faceva, rispetto alle proiezioni, allo stesso tempo matrice generativa e azione modificatrice e di "gestione" fisica della luce e delle proiezioni. Quando cominciammo a mettere in gioco il film, l'idea della roccia, così presente in quelle riprese, divenne generativa di altre immagini ed elemento ricorrente nello spettacolo.

Anche gli spettatori possono essere assunti come matrici "locali" delle immagini e del suono. È stato il caso di *Forest*, installazione realizzata in un museo di Belgrado nel 2005[89]. Alla sua base c'era l'intento di coniugare le nuove tecnologie con un ambito di relazioni progettato. Non si è trattato di rapportarsi con un sito esistente, come nel teatro dei luoghi, ma con un luogo nuovo, creato per l'occasione e del quale i visitatori entravano a far parte, costituito da un susseguirsi di ambienti e, poi, di avvenimenti concatenati. Il percorso comprendeva tre grandi sale. Nella prima si svolgeva un buffet, un reale momento di accoglienza e intrattenimento, con i cibi – preparati da un cuoco e disposti con molta cura – collocati su un certo numero di tavoli ovali, che durava un tempo prestabilito. Nella seconda, alla quale i visitatori avevano accesso in un momento preciso della serata, venivano proiettate, su dei grandi tavoli attaccati alle pareti, della stessa forma dei tavoli del rinfresco "reale", le

il "locale" e l'uso delle nuove tecnologie

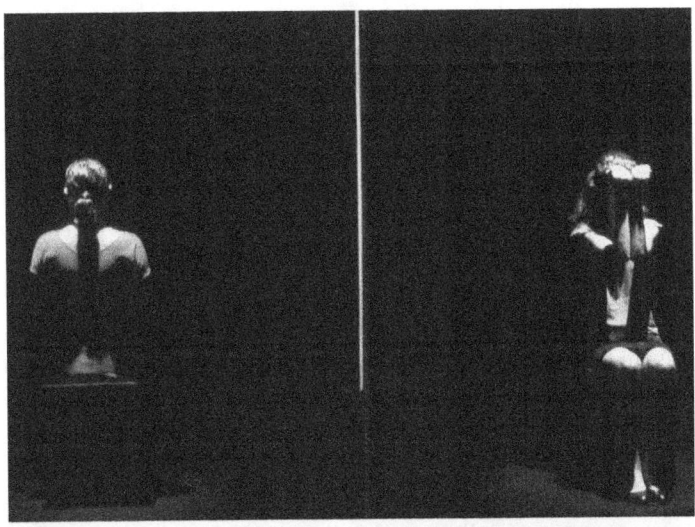

Lucrezia Valeria Scardigno in *Die Schlafenden*,
Tonhof, Maria Saal (Austria), 2013.
In alto: Agata Monterosso e Ramona Mirabella
in *Il Pudore bene in vista*, 1991

riprese dall'alto di un buffet precedentemente ricostruito in uno studio televisivo con un gruppo di comparse, esattamente con lo stesso cibo, le stesse vettovaglie, le stesse decorazioni del buffet vero. Nelle proiezioni, coincidenti con i tavoli, si vedevano le braccia delle comparse impegnate nel buffet. Al pubblico poteva sembrare di riconoscersi in quelle immagini, ma i tempi irreali, le azioni accelerate, lo svuotarsi a volte repentino dei piatti e l'animazione dei piatti stessi, il loro muoversi sul tavolo, conferiva alla scena un carattere astratto e surreale che rendeva quel riconoscimento dubbio ed enigmatico. Nel terzo ambiente – una sala di 600 mq. totalmente oscurata e dipinta di nero – si trovava poi la "foresta" che ha dato titolo al lavoro: una selva luminosa e mobile nella quale il pubblico entrava e si immergeva, costituita da una serie di oggetti geometrici (aste alte 5 metri, e superfici tonde) che si muovevano e coloravano incessantemente attraverso "ritagli" di immagini digitali in movimento, su di essi proiettate. La luce sugli oggetti compariva, scompariva, pulsava, scorreva, si accendeva in modo intermittente o a flash, sfumava, cambiando continuamente il paesaggio. Il suono mandato nella sala conteneva anche le voci, registrate di nascosto nella stanza del rinfresco "vero" e riportate in differita nella sala, dei visitatori, che, ancora una volta, non senza incertezze, potevano avere l'impressione di riconoscersi in quel paesaggio acustico. Cosa che contribuiva al generale esito di risonanza tra "folla" e "foresta", persone e oggetti luminosi.

## Il luogo generatore di suoni

Nei lavori per il palcoscenico, cerco generalmente di fare in modo che sia lo spettacolo, nel corso della sua preparazione, a creare il proprio suono. Che quest'ultimo, cioè, non provenga dall'esterno, ma, in un certo senso, emerga, oltre che dai motivi di fondo del lavoro, dalle sue stesse azioni.

## il luogo generatore di suoni

Da un certo punto in poi della mia ricerca, ho evitato l'uso di musica preesistente o comunque composta indipendentemente dalle prove, e di lavorare invece a partire dalla situazione sonora che si crea nel lavoro vivo, dalle voci degli attori durante le prove, dai rumori ed i suoni prodotti dalle persone e dagli oggetti nel relazionarsi tra loro e nello spazio, dalla reattività e creatività, rispetto a tutto questo, del musicista, del fonico e di tutto il gruppo. Uno spettacolo nel quale ho affrontato la questione del suono in tale direzione è stato *Shō. La bellezza finale*, creato in collaborazione con Marcello Sambati e Giovanna Summo, del quale ho curato la regia e il disegno luci[90]. *Shunkishō*, il romanzo di Junichiro Tanizaki cui il lavoro si ispirava, racconta di una danzatrice che, divenuta cieca, dedica la sua vita alla musica. Essendo il tema centrale del racconto la cecità, decidemmo di svolgere tutti, me compreso, la parte iniziale delle prove ad occhi bendati, per capire meglio, come, in quelle condizioni, venga percepita la realtà. Rispetto al nostro sentire lo spazio e la presenza degli altri, questa scelta conferì inevitabilmente un ruolo di primo piano, durante le prove, al tatto (soprattutto rispetto al pavimento) e all'udito. E nello spettacolo si tradusse nel ruolo molto importante svolto dal piano del palco e dai rumori: il palcoscenico (sempre, necessariamente, di legno) era sonorizzato e catturava, amplificandoli, tutti i rumori prodotti dai passi (nella seconda parte dello spettacolo accentuati dall'uso di zoccoli di legno), dalle camminate, dai fruscii delle vesti. Diveniva, conseguentemente, una sorta di strumento sonoro che "leggeva" le azioni, traducendole e prolungandole acusticamente. Erano in questo modo le azioni, per mezzo del palco, a generare la partitura sonora del lavoro. Il palco, a sua volta, con le sue qualità sonore, condizionava i movimenti, la loro energia e i loro tempi, in ragione del rapporto col dispositivo acustico.

In *Camera eco*[91], anch'esso spettacolo per il palcoscenico, il principale tema affrontato era la riflessione visiva e sonora. Vi erano in esso continue relazioni di scambio, rispecchiamento, ribaltamento tra i suoni, i rumori, le voci reali, da un lato, e i loro corrispettivi registrati, dall'altro.

il teatro dei luoghi

Nel teatro dei luoghi, l'approccio rispetto al suono ha notevoli particolarità. Come ho accennato a proposito di *Dämmli Stück*, il lavoro di ascolto è rivolto in notevole misura al "paesaggio sonoro"[92] del sito, all'insieme dei suoi suoni e rumori, visti in relazione al nostro agire sul posto, al senso che a questo agire diamo, e ai rumori che con esso produciamo. Come per la luce e per le altre *azioni*, anche per il suono assumiamo il "luogo" come matrice.
Durante la preparazione della performance *Le Acque*, realizzata nella Selva di Paliano, un'area naturalistica lontana dai centri urbani, in provincia di Frosinone[93], i rumori del luogo, il vento, l'acqua, il fruscio delle foglie, i versi degli animali, si rivelarono giorno dopo giorno un universo sonoro di grande estensione, con un'infinità di rumori di diversa qualità e profondità, e moltissime sfumature. Il lavoro fu presentato a tarda notte, e la notte sembrava accentuare queste caratteristiche. Durante la preparazione del lavoro, l'andamento di quell'universo sonoro, man mano che lo assimilavamo, aumentò la sua influenza, inducendoci gradualmente a dilatare le azioni nel tempo e nello spazio, a eliminare parte delle musiche pensate preventivamente, a entrare in relazione con i suoni della natura, a conferire alla fine allo spettacolo una qualità meditativa, ampia e sospesa.
Anche in *Numina*, lo spettacolo realizzato a Cerveteri, il silenzio notturno della necropoli aveva portato ad una sorta di dilatazione spaziale e temporale del percorso, che aveva passaggi lunghi e semibui tra un'azione e l'altra. Questo offrì al pubblico l'opportunità di camminare, osservare, "abitare" il luogo. I percorsi, i passaggi, le pause divennero componenti del lavoro a tutti gli effetti. Anche in quel caso, lasciammo affiorare i rumori della natura, inserendoli nella struttura del lavoro e nel suo contesto fantastico. Combinandoli con altri suoni: campionamenti effettuati *in loco*; voci dal vivo e registrate; richiami di caccia con i quali cercammo, anche in quel caso, di creare una relazione con i versi degli animali presenti nel luogo.
Specifiche soluzioni sonore sono a volte derivate da certi attributi del luogo, o da sue divisioni funzionali, come quelle tra interno

il luogo generatore di suoni

Carmen López Luna e Ornella Vinti, in *Numina*,
necropoli etrusca della Banditaccia, Cerveteri, 2000;
in alto: Giovanna Summo in *Le acque*, Selva di Paliano, 1998

ed esterno. Nella performance realizzata in una sala dell'ex-lanificio che è sede della Fondazione Pistoletto a Biella[94], vi era ad esempio un momento nel quale Giovanna Summo, autrice con me del lavoro, apriva uno dopo l'altro tre grandi finestroni che davano sulle cascate che costeggiano l'edificio. L'irruzione violenta, per gradi, del rumore dell'acqua all'interno della sala creava una variazione di atmosfera e della percezione dello spazio interno e delle azioni, e contrassegnava un passaggio drammaturgico aprendo una relazione con l'esterno, con la campagna, con le memorie dell'edificio industriale e dei motivi (l'uso del torrente come fonte di energia) della sua localizzazione.

In altri casi, importanti spunti sonori sono venuti da elementi appartenenti al sito, come, ad esempio, le macchine in un luogo produttivo. Nella performance *Il Bianco*, prima citata, realizzata in un laboratorio per la lavorazione dell'alabastro a Volterra, utilizzammo nelle azioni le macchine da lavoro normalmente impiegate dagli operai (un tornio, un compressore), facendole intervenire nella determinazione dei ritmi, del tessuto sonoro e della struttura complessiva della performance. Un pezzo di danza venne costruito in relazione al ritmo del tornio. Un altro ancora, in rapporto al compressore, il cui uso influenzò anche i testi e suggerì frasi e motti di spirito come quelli – riferitici dagli alabastrai – legati all'atto di scuotersi la polvere di dosso alla fine della giornata; ed ispirò delle azioni incentrate proprio sui getti di aria compressa, il loro rumore, lo scuotimento delle vesti[95].

Durante la lavorazione di *Die Schlafenden*, il già citato spettacolo del 2013 realizzato alla Tonhof di Maria Saal, in Carinzia, lavorammo tutto il tempo avendo attorno i cavalli che si trovavano in un avvallamento adiacente. Sentivamo, nel corso della giornata, la loro presenza, il galoppo, i nitriti, e potevamo osservarli nelle pause delle prove. Fin dall'inizio si avvertivano le potenzialità generative della loro presenza rispetto al lavoro. La vicenda narrata nel romanzo di Kawabata si svolge in una opprimente "casa chiusa". Nel romanzo è molto importante, dal punto di vista del suono e non solo, il rapporto tra interno ed esterno. La presenza dell'esterno, sebbene circoscritta a pochi

## il luogo generatore di suoni

momenti della narrazione, è molto forte, e si rivela in temporanee irruzioni dei rumori della natura, in particolare delle onde del mare, nella casa. È come il reale che si presenta in quel luogo appartato ed "astratto". Quando ho letto il libro, ho sentito l'irrompere del rumore delle onde in quell'ambiente stagno ed equivoco come una specie di memento o di monito rispetto agli avvenimenti ambigui della casa e a chi li conduce. Inquietante come un avvertimento. Alla Tonhof, nel fare il lavoro di campionamento dei rumori del luogo registrammo anche i versi di un cavallo. Li utilizzammo, all'interno dello spettacolo, con un ruolo ed un senso per alcuni aspetti simili a quelli del rumore delle onde nel romanzo. Come una forza dirompente, proveniente dall'"esterno"[96]. C'era un momento nel quale la registrazione del cavallo fiancheggiava un'azione di Simona Lisi, che condivideva con Angie Mautz il compito di impersonare i diversi risvolti della figura della *maitresse* della casa. Si combinava con i suoi gesti e con i rumori amplificati dei suoi passi. Succedeva anche che, durante la performance, si potevano sentire i cavalli correre e nitrire fuori. Non li avevamo fatti allontanare del tutto. Erano ancora in un terreno vicino. La percezione della loro presenza e della loro energia rendeva, durante lo spettacolo, il senso di una forza "esterna" ed immanente. A volte, i cavalli "rispondevano" alla registrazione usata all'interno. I rumori campionati svolgevano quindi contemporaneamente le funzioni di sollecitare e di assimilare i rumori reali, esterni, dei cavalli veri, integrandoli come una seconda traccia sonora – autonoma e appartenente al luogo – dello spettacolo.

Ho lavorato spesso sull'integrazione dei suoni del sito. A volte anche per assimilare rumori "trovati" che di per sé potevano essere molesti. È successo, ad esempio, in *Dentro il giardino*[97], lavoro finale di un laboratorio di teatro dei luoghi condotto nello storico giardino degli aranci di Sermoneta, addossato alle antiche mura del paese, affacciato sulla pianura Pontina. Un grande giardino a terrazze, con una rete di percorsi pedonali e scalette. Il problema "sonoro" che si presentò in quell'occasione era legato al fatto che da una delle case della cinta muraria che delimita il giardino sul lato interno, proveniva spesso il suono di un televisore, tenuto ad alto volume. Come avemmo modo di accertare, apparteneva ad un prete. Andammo a chiedergli di tenere spento il televisore, senza ottenere risposta. Alla fine, trovammo una soluzione per integrare quella preesistenza nel lavoro: creammo in quella zona un'azione finale di tutti i partecipanti, in cima alle scale che conducevano a quella che avevamo individuato come l'uscita per il pubblico. Durante le prove, realizzammo una ripresa video di quell'azione. Nello spettacolo la proiettammo, senza sonoro, sul fronte delle case, non lontano dal punto da cui provenivano i rumori televisivi, sullo sfondo rispetto al gruppo, che si trovava più vicino al pubblico, e che svolgeva la stessa azione dal vivo. Era importante il fatto che la proiezione sullo sfondo fosse senza sonoro. Il video muto, nel quale non si capiva cosa gli appartenenti al gruppo dicessero, oltre a "raddoppiare" l'azione, cosa che aveva senso nel contesto del lavoro, era in grado di "assorbire" i rumori provenienti dalla casa (e, come si è verificato, anche da altre abitazioni), che si avvertivano nella parte finale del percorso. Assimilati allo spettacolo, i rumori televisivi contribuirono all'esito finale anche sul piano dell'ironia, con quella associazione tra il non dir nulla e la televisione e con quella provenienza dei suoni da mura medievali, così espressiva della condizione del luogo.

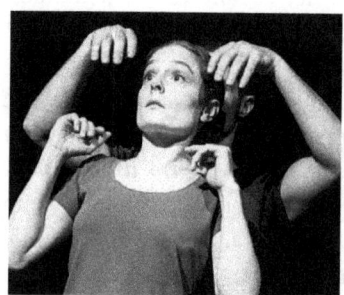 

Alessandra Cristiani e Giuseppe Asaro in *Senti*, 2003

## L'ascolto, la regia e il lavoro con gli attori

Come ho accennato, alla base del processo di costruzione di un mio spettacolo per il palcoscenico non vi è, in genere, un elaborato compiuto preesistente, come un'opera drammatica. Vi sono delle *relazioni*. Il gruppo di lavoro viene da me indotto ad immergersi in una condizione "data", più o meno incisiva, con la quale è invitato a rapportarsi. Tale condizione, che chiamo "stato di cose", deriva dal mio lavoro preventivo su materiali iniziali ogni volta di diversa natura. Che siano rappresentati da un testo (narrativo, poetico, filosofico o scientifico: non si è mai trattato sinora di un testo teatrale); o da un più generale riferimento all'universo di uno scrittore; o di un artista visivo; oppure direttamente da uno spazio, una visione, un oggetto; o da un insieme di questi elementi, i materiali di partenza costituiscono comunque, letteralmente, un pre-testo. Sullo spunto del quale si formano le motivazioni e le scelte relative alla fase iniziale del lavoro. Lo "stato di cose" ha a volte una connotazione fisica. E spaziale. E può avvalersi anche di oggetti, non solo di tensioni, parole ed idee. Per quanto venga da me quasi sempre proposto in forma incisiva, e dentro una tensione precisa, esso inizia ad assumere una fisionomia riconoscibile (che poi nello spettacolo diventa un "mondo") solo nel corso del lavoro concreto. Col graduale emergere delle azioni, dei testi, delle immagini, dei suoni; e delle relazioni tra essi.

Un'altra componente importante dello "stato di cose" è costituita dall'*atmosfera*, nel senso che al termine viene dato da quella branca dell'estetica che si chiama appunto "atmosferologia"; atmosfera, cioè, come condizione ambientale dotata di una qualità emozionale dalla quale non ci si può completamente distanziare e che, per questo e per quanto istiga, rende le persone attive nella percezione di quello che hanno attorno e del proprio corpo, sentiti come parti non separabili[98]. Una condizione nella quale si è immersi e che implica il nostro *esserci*, la nostra presenza emotiva. In altri termini, l'*atmosfera* che si crea durante le prove è uno degli elementi che contribuiscono, nella preparazione del lavoro e poi anche nello spettacolo, a rendere possibile un rapporto tra il performer e il luogo che non sia un agire *in* o *dentro* uno spazio prescelto, costruito o trovato che sia, o *davanti* a un'immagine, come quella che potrebbe essere costituita da una scenografia o da proiezioni, ma un *essere parte* del luogo in maniera profonda. Circostanza – che si raggiunge gradualmente durante il processo – nella quale, per chi partecipa al lavoro, la distanza tra paesaggio interiore e paesaggio esterno tende a venir meno, e tendono a coabitare nel performer due disposizioni essenziali, solo apparentemente opposte, che tendono invece a coesistere fruttuosamente: la vigilanza e l'abbandono.

I componenti del gruppo (non solo gli attori e i danzatori, ma anche chi si occupa, ad esempio, del suono o degli aspetti tecnici) sono invitati ad un confronto con la situazione proposta, che metta in gioco, prima della loro formazione specifica e delle loro capacità tecniche, le loro personalità. Un confronto nel quale le reazioni/proposte di ognuno intervengono a creare variazioni nella condizione data (il mondo embrionale dello spettacolo), che a sua volta si ripropone, sulla base di quei cambiamenti, nelle relazioni. Chi partecipa, nel corso del tempo collabora sempre più a far progredire e trasformare le condizioni di partenza, le direzioni e i vincoli sulla base dei quali è stato immesso inizialmente nel lavoro. Quello che in sostanza si viene a creare gradualmente nel corso delle prove è un "luogo"; un ambito di rapporti in evoluzione[99]. La regia, in questo tipo di lavoro, si occupa innanzitutto di gestire le energie e tenere le redini di tensioni sottili, e questo spesso avviene abbastanza silenziosamente, attraverso movimenti, gesti, sguardi, lo spostamento di un oggetto nello spazio, il cambiamento di un percorso, la richiesta ad un attore di mettersi in un altro posto o di relazionarsi ad un'altra situazione, la produzione di un suono, la creazione di un'immagine. Attraverso, quindi, proposte di relazioni e non l'imposizione di soluzioni. Attraverso le mie proposte, cerco di indurre tutti a trovare la propria via. Cerco inoltre di fare in modo che, una volta che qualcuno trova la strada potenzialmente "giusta", essa si combini, attraverso aggiustamenti, variazioni, l'ascolto, la regia e il lavoro con gli attori

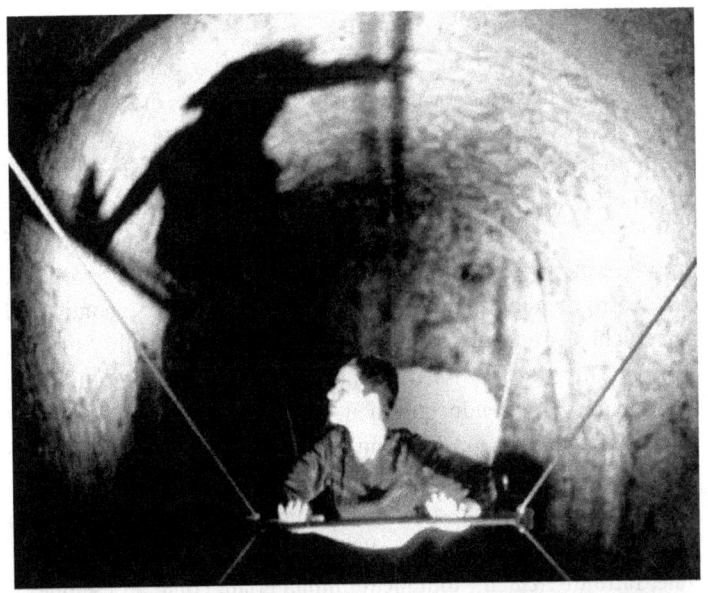

*Teatro dei luoghi 97: Criptoportici*, Formia, 1997.
In alto: Carmen López Luna; in basso: Roberta Lena

# il teatro dei luoghi

nuove associazioni e nuovi collegamenti, col lavoro degli altri e con la situazione complessiva, entrando a far parte in maniera coerente della struttura e della concatenazione drammaturgica generali, in via di formazione.

Durante le prove, il mio lavoro consiste *anche* nel ricordare agli attori e agli altri componenti del gruppo *dove* si trovano, nel ristabilire e rinnovare continuamente regole e coordinate del nuovo universo da me proposto e che tutti contribuiscono a trasformare.

Nel teatro dei luoghi, questo procedimento avviene in condizioni specifiche, essendo la componente fondamentale dello "stato di cose" costituita dal sito nel quale viene creato e presentato lo spettacolo, ed essendo quindi il peso delle preesistenze e delle relazioni "date" di grandissima rilevanza. Ma le modalità di lavoro non sono dissimili da quelle dei lavori per il palcoscenico.

Tuttavia, mentre in questi ultimi il comune terreno di lavoro della compagnia può essere anche, all'inizio del processo, un luogo mentale, fatto di elementi totalmente immateriali, come ad esempio il mondo poetico di un autore, nel teatro dei luoghi questa condizione non si verifica mai. Perché l'ambito di lavoro è sempre costituito da un posto reale e la definizione delle relazioni si crea quindi innanzitutto in rapporto a preesistenze materiali, fisiche, viventi.

La regia, durante il lavoro sul posto, tiene presente il progetto elaborato dopo i sopralluoghi quale semplice punto di partenza. Come elemento non vincolante, se non nello spirito. Nella fase iniziale del processo, mi concentro sull'osservazione del luogo nelle nuove condizioni dovute alla nostra presenza. Cerco di favorire nel gruppo una disposizione aperta, ricettiva, volta all'ascolto. Tentando di agevolare le condizioni per un lavoro solidale, silenzioso, meditativo. Attento agli spazi, alle cose, ai rumori, ai passi. Non invasivo e non preoccupato di trovare soluzioni immediate. Nel quale si eviti il più possibile di immettere idee precostituite e soluzioni preesistenti.

Alla base di questo c'è anche l'idea – che è propria, in generale, di tutto il lavoro della compagnia – che per poter fare, in scena,

Angie Mautz in Die Schlafenden,<br>Tonhof, Maria Saal (Austria), 2013

## il teatro dei luoghi

bisogna prima essere capaci di *non fare*; e per poter parlare bisogna prima avere la capacità di non parlare. Avere la capacità di essere presenti al luogo. Di *stare* sul posto. E riguarda la convinzione che le sfere dell'ascolto, dell'osservazione e dell'attesa non siano, per l'attore, meno importanti di quelle della parola, dell'iniziativa e dell'azione. E che siano anzi, rispetto ad esse, costitutive e complementari. L'osservare gli spazi e poi gradualmente assimilarli ed agirli, crea in ognuno, giorno dopo giorno, nuovi orientamenti e un paesaggio interiore in relazione col paesaggio esterno.

Per non dare adito ad idee precostituite e per non limitare il lavoro personale di osservazione da parte di ognuno, tendo a dare inizialmente al gruppo indicazioni di tipo generale relative allo spirito dell'intervento e a questioni tecniche e logistiche. Non esponendo intenzioni troppo definite. Attendendo sempre che i singoli (attori e altri collaboratori) trovino un loro iniziale rapporto col luogo. Solo quando questo avviene, comincio a rapportarmi in maniera più profonda con ognuno, a immaginare lo sviluppo delle azioni, delle relazioni, della struttura del pezzo. Nella fase iniziale, in genere, tendo a indurre i singoli a mantenere le iniziative su un piano di semplicità ed apertura, per favorire i rapporti con il contesto che si sta creando e con le iniziative degli altri, e cerco di fare in modo che l'insieme delle azioni divenga più complesso passo dopo passo e in maniera interrelata, con reciproco alimento dei singoli interventi e graduale creazione di un tessuto connettivo.

Non impieghiamo palchi e scenografie. L'uso della luce e del suono – nonostante l'importanza che tali elementi rivestono in termini poetici nel teatro dei luoghi – è in genere piuttosto discreto e quantitativamente contenuto, entro un ordine di idee che tende a lasciare al luogo il suo spazio di esistenza e la sua capacità generativa e relazionale nei confronti dello spettacolo.
Il lavoro – che nella fase iniziale potrebbe sembrare piuttosto

Simona Lisi in *Die Schlafenden*,
Tonhof, Maria Saal (Austria), 2013

lento[100] – nel corso dei giorni acquista delle direzioni precise, in ragione dello sviluppo del lavoro di gruppo e dei rapporti. E succede spesso che le soluzioni, soprattutto in una fase avanzata del processo, tendano ad affiorare in maniera poco mediata e piuttosto veloce. A volte inaspettata. Scaturendo anche da relazioni e fatti imprevisti: il "casuale" modo di porsi di qualcuno nello spazio; la scoperta nel sito di un dettaglio all'inizio non considerato; le reazioni delle persone del posto alla nostra presenza, i loro racconti, una battuta di spirito, una difficoltà, un ostacolo.

Nel corso della preparazione del lavoro, il mio ruolo è quello di vagliare, correggere e direzionare le singole proposte; di coordinarle; di lavorare sulle corrispondenze, i ritorni, l'integrazione delle diverse azioni in un'unica struttura. La quale è sempre legata alla struttura del luogo, ai rapporti tra gli elementi che lo costituiscono, e, all'interno di ogni elemento, tra le componenti che vi si sono sedimentate nel tempo e vi si intrecciano.

Tra l'altro, sollecito tutti a non considerare l'ambiente come una opportunità straordinaria (soprattutto se si tratta di un ambiente importante dal punto di vista estetico e monumentale) per mettere in atto soluzioni preventivamente pensate e desiderate. E a sviluppare invece un'attitudine comprensiva. Li invito ad abitare silenziosamente il luogo, a divenirne il più possibile parte. A trasformarlo gradualmente e poi aderire al luogo nuovo che tutti contribuiscono a creare.

L'attitudine ricettiva e l'ascolto inducono a percepire quello che si ha attorno, momento per momento, nei suoi cambiamenti e nelle sue variazioni più sottili. La generale condizione di apertura che si attua nel corso delle prove si trasmette allo spettacolo. E permette ai performer e ai tecnici, durante le repliche, di reagire rispetto ai cambiamenti e agli imprevisti, alle variazioni atmosferiche, al comportamento del pubblico. Di entrare in relazione con questi elementi, a volte partecipando ad essi o contrastandoli, in ogni caso non evitandoli o negandoli. Lasciandoli, anzi, nelle relazioni con lo spettacolo, alla loro vita ed evidenza.

## Il pubblico dei luoghi

Nel rapporto col pubblico si verificano nel teatro dei luoghi condizioni peculiari, diverse da quelle che normalmente si attuano negli edifici teatrali. Tra le più importanti di queste condizioni vi è la mancanza di divisioni fisiche convenzionali, di rapporti spaziali codificati tra pubblico e spettacolo, di postazioni fisse per lo spettatore; il quale generalmente non sta seduto, ed è spesso in movimento lungo dei percorsi, a volte all'aperto. Queste condizioni, da un lato, rendono necessaria una determinazione preventiva degli itinerari e dell'organizzazione spaziale del lavoro, dall'altro, nel corso dello spettacolo, mettono gli spettatori in una particolare condizione di presenza (e, in diversi casi, di vicinanza) rispetto allo spettacolo e nella evenienza, anch'essa molto particolare, di concorrere, con i loro movimenti, alla determinazione dei tempi e della stessa drammaturgia.
Nella fase di progetto, si cerca di prevedere questi movimenti, stabilendo i percorsi come parte sostanziale della struttura del lavoro. A volte le soluzioni riguardo all'accesso e alla presenza del pubblico vengono suggerite dal luogo stesso, da come è fatto, dalle sue funzioni, da come in esso sono distribuiti gli accessi e gli spazi. Ma possono presentarsi condizioni diverse, a volte molto particolari, rispetto alle quali occorre prevedere soluzioni e dispositivi specifici. Faccio l'esempio di *Spirito dei luoghi*, prima edizione del 1996[101], in maniera necessariamente dettagliata. Si presentarono in quell'occasione i seguenti problemi: la lunghezza del percorso (alcuni chilometri lungo la via Appia antica); l'alto numero di prenotazioni; la particolarità del punto di partenza, che era la piazza principale di Formia, un luogo molto frequentato, dove le persone usano darsi appuntamento. Stabilimmo che gli spettatori venissero portati da navette nelle diverse stazioni del percorso, 50 persone a navetta, con partenze ogni 15 minuti. L'ingresso era libero, dietro prenotazione; o per accesso diretto, dove i gruppi non erano completi. Per risolvere quello che mi sembrava il principale problema alla partenza e cioè il passaggio dalla situazione quotidiana della piazza a quel-

il teatro dei luoghi

Il pubblico della *Lysfest*, Roskilde (Danimarca), 2013

la extra-quotidiana dello spettacolo – passaggio non facile visto il modo distratto e rumoroso col quale normalmente la piazza è vissuta – usai uno stratagemma, applicato per gradi. Alla partenza, avevamo creato sulla facciata del Comune un grande "dipinto" di luce, che aveva anche una funzione di segnale rispetto a quanto stava avvenendo, ma che certo da solo non poteva influenzare gli atteggiamenti e le aspettative delle molte persone presenti nella piazza, non tutti a conoscenza dell'avvenimento. Il vero e proprio dispositivo iniziava ad attivarsi sulle navette che portavano gli spettatori. Dopo alcuni minuti dalla partenza, in un punto definito del percorso, le luci interne dell'autobus, lungo la via Appia, venivano spente dall'autista. La reazione del pubblico era ancora rumorosa. Il conducente veniva spesso avvertito del "problema". Dopo qualche minuto, il mezzo entrava in una zona di campagna che avevamo fatto chiudere al traffico ed oscurare, spegnendo l'illuminazione stradale. A quel punto, gli spettatori venivano a trovarsi dentro l'autobus buio (solo i fanali dell'automezzo erano accesi), nella campagna buia, con i

finestrini e le portiere chiuse. Era chiaro a tutti, a quel punto, che non si trattava di un "normale" trasporto da un luogo all'altro. Le persone si azzittivano. Giunto di fronte alla Fontana di S. Remigio, il conducente fermava il mezzo e spegneva anche i fari dell'autobus. A quel punto il buio era totale. Ed era totale anche il silenzio. Poco dopo gli spettatori vedevano comparire all'esterno, attraverso i finestrini dell'autobus chiuso, il monumento romano ridisegnato dalla luce. Nella sua parte alta si presentava una figurina bianca, dai movimenti concitati e continui, che, in un certo senso, sostituiva le antiche icone di pietra che appartenevano alla fontana. Dal buio della campagna sbucava un attore, con un lume a olio in mano. Bussava alla portiera della navetta, che veniva aperta. Dentro l'autobus, mentre permaneva la visione della fontana, diceva dei brani da *La natura divina*, in cui Cicerone si interroga sulla forma e l'aspetto degli dei, evidentemente risonante rispetto all'immagine esterna. Poi l'attore usciva, le portiere si chiudevano e la navetta ripartiva verso la Tomba di Cicerone. Giunti lì, gli spettatori scendevano dall'autobus per recarsi a piedi ad assistere alla parte centrale dello spettacolo, costituito da una serie di azioni lungo un percorso che si snodava tra il giardino e l'interno del monumento.
Nel teatro dei luoghi, il modo come le azioni si svolgono, si combinano tra loro, si organizzano nello spazio e la loro stessa energia sono fortemente influenzati dalla presenza del pubblico. Si potrebbe anzi dire che il pubblico costituisca un ulteriore "luogo", insieme al sito reale e al gruppo teatrale, che entra nelle relazioni e nel campo di tensioni che lo spettacolo mette in moto. E anche questo avviene in condizioni peculiari. Un carattere non secondario di questo tipo di lavoro è costituito dal fatto che esso frequentemente si rivolge ad un pubblico diverso da quello dei festival e degli ambienti culturali metropolitani. Un pubblico, in buona parte, non "specializzato". Costituito in prevalenza da persone che vengono a vedere lo spettacolo motivate dalla loro appartenenza al luogo dove il lavoro viene preparato e rappresentato. In alcuni casi, anche per avere assistito o collaborato alla sua preparazione.

il teatro dei luoghi

*Spirito dei luoghi 96*, Formia, 1996. In basso: Barbara de Luzenberger

Si tratta quindi di spettatori che si relazionano all'intervento anche attraverso quella parte della loro identità e della loro memoria che è legata al luogo. In queste condizioni, il sito - com'è proprio di un "testo" - svolge una funzione di tramite (conoscitivo, simbolico, affettivo) tra spettacolo e pubblico. E l'intervento arriva agli spettatori in quanto rielaborazione e trasfigurazione di una realtà ad essi nota. Nota, generalmente, più di quanto lo sia al gruppo teatrale.
Questa specificità è rilevante. Essa configura un recupero, in forma peculiare, di una condizione importante nel rapporto spettacolo-pubblico, che è quella della conoscenza da parte dello spettatore del "testo" sul quale lo spettacolo si fonda. Condizione - tipica di molti teatri di tradizione, come ad esempio i teatri d'opera - che è andata sostanzialmente perduta nell'ambito del teatro di ricerca.
In tali condizioni, trovano un terreno specifico le possibilità di movimenti tra spettacolo e pubblico che non siano movimenti a senso unico; che non si risolvano cioè in passaggi lineari e unidirezionali da chi trasmette a chi riceve, come nella "comunicazione"[102]; ma siano invece maggiormente incentrati sullo scambio fantastico. La circolazione nel sito di pensieri ed energie, prima, durante e dopo la performance, tra gruppo teatrale, spettacolo e gente del posto, porta tendenzialmente a definire il luogo, in quella circostanza, come ambito di "immaginazione partecipe"[103]. Ambito nel quale, cioè, la memoria, la conoscenza del sito e l'immaginario del pubblico e della compagnia teatrale entrano in contatto tra loro in forme e con risultati che non è dato conoscere veramente se non durante la presentazione dello spettacolo. Quest'ultimo, in tale tipo di relazione, non cerca di alimentare nostalgie, ma desideri e visioni. Non si pone nell'ottica del recupero di identità perdute, che non possono essere ritrovate e non avrebbe senso cercare di ritrovare - che sarebbe come pensare ad un'umanità sempre uguale a se stessa. Semmai in quella di contribuire, per quello che può, alla vita e alle prospettive del luogo. E, come avrebbe detto Christian Norberg-Schulz, alla sua "volontà di esistere"[104].

il teatro dei luoghi

Elisa Muro e Lucrezia Valeria Scardigno in *Dammli Stück*, Uznach (Svizzera), 2010

## Teatro e realtà

Le modalità di lavoro che ho esposto mettono in campo questioni peculiari relative al rapporto tra teatro e realtà. Per chi, come nel teatro dei luoghi, opera a contatto con un sito reale e senza la mediazione dell'opera scritta, questo rapporto si stabilisce su un piano di prossimità. Prossimità artista-realtà. Coinvolge in maniera diretta e profonda le attitudini relazionali e la sfera fisica ed emotiva di chi partecipa alla creazione: regista, attori, musicista, creatore delle luci, tecnici della compagnia.
La realtà si propone al gruppo di lavoro su diversi piani, che sono quelli che abbiamo finora preso in considerazione: il piano dell'esistenza umana e dei rapporti presenti sul posto nel momento in cui si lavora (vita e relazioni del luogo, della compagnia, del loro incontro); il piano degli elementi inorganici (gli oggetti, le architetture) e di quelli "naturali"; il piano della me-

moria, della storia, delle suggestioni provenienti dal passato; il piano organizzativo. Questi diversi livelli della realtà si presentano con la forza della contingenza. Ci si trova ad operare in un contesto con vita propria, autonomo, non concepito e non attrezzato preventivamente al servizio dell'azione teatrale, non del tutto prevedibile; che la regia assume come motore delle proprie scelte. L'attore si libera dal percepire l'ambiente in cui lavora come ambito "funzionale", applicato, provvisorio, appositamente configurato per lo spettacolo. È indotto a sentire in maniera immediata la vita e la realtà operanti attorno a lui, come esistenze vive, indipendenti, più o meno permanenti, cariche di ricordi. Questo richiede all'attore presenza, ascolto, disponibilità a non far centro innanzitutto su se stesso. Lo allontana dal proprio tradizionale egocentrismo e allo stesso tempo lo conduce in uno stato di immersione, in una condizione nella quale non può limitarsi ad affermare. Deve "rispondere" alla situazione data. Che peraltro non si propone una volta per tutte, ma, sia nelle prove che nello spettacolo, si ripresenta momento dopo momento nel flusso dei suoi cambiamenti, che hanno influenza anche quando sono, come nella maggior parte delle evenienze, piccoli cambiamenti. Questa condizione è evidentemente molto vicina a quella in cui ci si trova ogni giorno nella realtà.
Ci si potrebbe porre la questione di quali siano gli elementi della *finzione* teatrale che permangono in questo modo di operare. E qui mi sembra di poter dire che la finzione tenda ad allontanarsi dai piani espressivo e relazionale e a concentrarsi semmai al livello delle condizioni generali nelle quali lo spettacolo viene creato e presentato. E tuttavia anche a questo livello preferirei usare, anziché finzione, il termine *artificio*, attribuibile con meno difficoltà ai processi di lavoro descritti. E riferirlo, appunto, a condizioni generali della creazione, quali la scelta dello spazio e del tempo peculiari dello spettacolo, il rapporto col pubblico e gli eventuali dispositivi usati nel configurarlo, le specifiche tecniche impiegate nel processo di preparazione e nella creazione dello spettacolo, come le tecniche registiche, applicate ai diversi

il teatro dei luoghi

*Dammli Stück*, Uznach (Svizzera), 2010.
In alto: Maria Cristina Nicoli e Lucrezia Valeria Scardigno;
in basso: Elisa Muro, Maria Cristina Nicoli e Lucrezia Valeria Scardigno

livelli cui ho accennato, o quelle che l'attore mette in atto per costruire la propria *presenza* e il proprio *status* nella situazione data; raggiunti i quali, l'attore si pone però, rispetto a quanto ha attorno (il luogo, gli altri attori, la luce, il suono, il pubblico), in termini prossimi alle relazioni *reali*. Relazioni – mediate dalla regia e dalla *presenza* e *status* del performer costruiti durante il processo – tra la sua *persona* ed il "luogo" come qui lo intendiamo, come ambito articolato di fenomeni, memorie, rapporti.

il teatro dei luoghi

1. *Il Pudore Bene in Vista*, Fara Sabina, Festival Internazionale di Teatro, Teatro della Rocca, 4 settembre 1991. Sui lavori citati qui e in seguito, cfr. N. Tomasevic (a cura di), *Place, Body, Light: The Theatre of Fabrizio Crisafulli/Il teatro di Fabrizio Crisafulli, 1991-2011*, Artdigiland, Dublino, 2013; e il sito www.fabriziocrisafulli. org. Cfr. anche i precedenti: S. Lux (a cura di), *Lingua stellare. Il teatro di Fabrizio Crisafulli, 1991-2002*, Lithos, Roma, 2003; S. Tarquini (a cura di), *Fabrizio Crisafulli: un teatro dell'essere*, Editoria & Spettacolo, Riano (RM), 2010.
2. I laboratori che tengo nelle Accademie di Belle Arti hanno preso avvio a Catania a metà degli anni '80, per continuare nelle Accademie di Urbino, L'Aquila, Firenze e Roma. Essi si basano sulla ricerca delle capacità di autonoma costruzione drammatica della scena, degli oggetti, della luce. Si propongono quindi di ricercare la possibilità di creare pezzi definibili propriamente teatrali in assenza di testo e di attori. La tecnica vi è intesa non come fattore neutrale ed esclusivamente funzionale, ma quale elemento drammatico e poetico. Su questi laboratori cfr., tra gli altri: L. Melissa, *Laboratorio teatrale dell'Accademia di Catania*, in «Lighting Design», Milano, gennaio-febbraio 1991; M. De Cardona, *Piccoli teatri totali*, in «Next», n. 20, Roma, dicembre 1991-febbraio 1992.; J. Little et al., *Uverschamt Gut in Szene Gesetz*, Institut für Angewandte Theaterwissenshaft, Università di Giessen (Germania), ottobre 1992; G. Barbieri, *Luce come materia del comunicare. L'esperiera del laboratorio di Urbino*, in «Gulliver», n. 1, 1995; M. Clark, *Avantgarde artistry. Lighting Takes Center Stage in the Works of Fabrizio Crisafulli*, in «Lighting Dimensions», n. 3, New York, aprile 1997; F. Crisafulli, *Autoanalisi di una ricerca in corso*, in Id., *Luce attiva. Questioni della luce nel teatro contemporaneo*, Titivillus, Corazzano (PI), 2007; F. Calcagnini, U. Palestini, (a cura di), *La fabbrica del vento. Accademia di Belle Arti di Urbino-Scuola di Scenografia, 1990-2010*, Baskerville, Bologna, 2010; S. Tarquini (a cura di), *La luce come pensiero. I laboratori di Fabrizio Crisafulli al Teatro Studio di Scandicci, 2004-2010*, Editoria & Spettacolo, Riano (RM), 2010.
3. Sul luogo come elemento che struttura la costruzione del film, mi sembrano molto importanti il lavoro e le riflessioni di registi come Rossellini, Antonioni, Wenders. Durante le riprese in ambienti reali, Rossellini lasciava spesso che fosse il contatto diretto tra l'attore e il luogo a indicare le soluzioni. «Il regista par quasi che getti il personaggio nel vivo di una situazione data e si limiti a registrarne le reazioni, sicché queste e quella si integrano fino a formare un tutto inscindibile. Da simile strettissimo rapporto ambiente-personaggio nascono le indicazioni per il successivo sviluppo narrativo» (G. Rondolino, *Roberto Rossellini*, Il Castoro, Milano, 1995, p. 82). «Il soggetto del *Grido* – ha scritto Michelangelo Antonioni – mi venne in mente guardando un muro» (*Fare un film è per me vivere*, a cura di C. di Carlo e G. Tinazzi, Marsilio, Venezia, 1994, p. 58). «Può anche accadermi che sia un luogo a suggerirmi un film. [...] Quando al mattino arrivo sul set non penso alle scene che mi aspettano, non so neppure quali saranno. È il mio assistente a comunicarmi il programma del giorno. Subito dopo ho bisogno di rimanere solo. Faccio allontanare tutti e rimango lì, immerso nel luogo del film, a immaginare la scena» (M. Antonioni, in «Cinéma 65», 10, 1965, trad. nostra). «Nei miei film – ha scritto Wim Wenders – spesso la storia parte da un luogo, dal desiderio di girare in questo luogo, dalle immagini che questo luogo contiene» (*Lisbon Story*, Ubulibri, Milano, 1995, p. 12).
4. Come cercherò di chiarire più avanti, considerare il luogo come un "testo", non vuol dire aderire ad una lettura di tipo semiotico del luogo, ma semplicemente affidare a quest'ultimo una "posizione" ed un ruolo di matrice della creazione simili a quelli che il testo drammatico occupa e svolge in altro tipo di teatro.
5. Cfr. R. Guarino, *Luoghi e azioni. Introduzione a un'inchiesta*, in Id. (a cura di), *Teatri luoghi città*, Officina, Roma, 2008.

il teatro dei luoghi

**6.** *Il teatro dei luoghi*, Roma, rassegna "Teatri di festa, teatri di disturbo", Teatro Piccolo e Scuola delle Arti, 3 marzo 1998. L'attrice incontrata sul posto è Tanny Giser.
**7.** Progetto triennale realizzato a Formia negli anni 1996-98. Le prime due edizioni riguardavano aree archeologiche. Nella terza il luogo dell'intervento era invece la Scuola Nazionale di Atletica Leggera. Cfr. R. Guarino (a cura di), *Teatro dei luoghi. Il teatro come luogo e l'esperienza di Formia, 1996-1998*, Gatd, Roma, 1998.
**8.** *Spirito dei Luoghi '98. Teatri in Gioco*, Formia, Scuola Nazionale di Atletica Leggera, 24 ottobre1998.
**9.** *Il Bianco*, Volterra, festival "Volterrateatro", antichi laboratori di alabastro, 22 luglio 1998: percorso di installazioni ed azioni teatrali nei laboratori di alabastro del centro storico di Volterra.
**10.** *Balata*, Catania, Pescheria, festival "Mappe", settembre1998. La performance venne creata nell'antica pescheria vicino a piazza Duomo, dove il ghiaccio è tuttora venduto 24 ore su 24 (il titolo è riferito alla "balata" – parallelepipedo di ghiaccio che ne costituisce unità di misura – alludendo anche al ruolo della danza nell'intervento). Il lavoro si svolgeva nella piazza e sotto la volta del mercato. Le azioni di Giovanna Summo si combinavano con immagini create a partire dai caratteri del luogo. Il lavoro era teso verso l'apparizione finale di una "balata" – fumante di vapore e "accesa" dalla luce – su una grande catasta di banchi costruita con l'aiuto dei pescivendoli e dei venditori di ghiaccio.
**11.** *Bandoni*, Roma, acquedotto Felice a via del Mandrione, 3 novembre 1995.
**12.** *Uno a uno*, Bassano Romano, rassegna "Le stanze del tempo", Palazzo Odescalchi, 24 giugno 2000. La performance si legava ai caratteri e alle memorie dell'antico teatrino del palazzo (sec. XVI), realizzandosi nel rapporto "uno a uno" tra l'attrice-danzatrice ed il luogo. Sulle gallerie di legno per il pubblico, nella piccola sala, in ciò che rimane della scena, Giovanna Summo, performer e coautrice del pezzo, faceva riecheggiare le vicende dei personaggi e delle famiglie vissuti nel luogo, tessendo su di essi visioni e storie immaginarie.
**13.** *Numina*, Cerveteri, festival "Per Antiche Vie", necropoli etrusca della Banditaccia, 24 agosto 2000: itinerario teatrale notturno, creato nella necropoli, che il pubblico, scaglionato in gruppi di 50 persone, percorreva nelle sue diverse "stazioni".
**14.** *La Corte*, S. Martino Buon Albergo, festival "Itinera", villa Orti-Manara, 29 giugno 2002: spettacolo-percorso creato nel giardino di una villa settecentesca nel veronese, tuttora abitata dalla famiglia che le ha dato originariamente nome. Le "storie" da noi immaginate, dette per frammenti, erano ispirate alle vicende dell'edificio, dei suoi proprietari e del territorio. Il lavoro sul movimento e sulle immagini scaturiva dai caratteri dell'architettura, delle sculture e del giardino.
**15.** Londra, Arts Depot, Turnhalle Building, 18 luglio1995. Dell'originaria destinazione a gymnasium del luogo avevamo trovato documentazione in incisioni d'epoca che riproducevano il lavoro sul posto delle ginnaste e delle acrobate in epoca vittoriana. Il titolo dello spettacolo, creato in un grande ambiente a volte, alludeva alla combinazione tra l'alto grado energetico della performance e il ruolo strutturante svolto dal luogo: la parola *vaultage* deriva dalla fusione del termine elettrico *voltage* con *vault*, che è allo stesso tempo "volta architettonica" e "volteggio".
**16.** Maria Saal (Austria), Tonhof, 24 agosto 2013.
**17.** *Sonni*, Ciampino, rassegna "Incanti", Teatro Laboratorio, 13 maggio 1995; *Le addormentate*, Roma, festival "Animato", Galleria Sala 1, 27 maggio 1995.
**18.** Tricase Porto, rassegna "Teatro nei porti del mediterraneo", banchine esterne del porto, 12 settembre 2003.
**19.** Klagenfurt (Austria), castello Rosenberg sul Wörthersee, nell'ambito del progetto "Città invisibili" del Teatro Potlach, diretto da Pino Di Buduo, 19 giugno

il teatro dei luoghi

1992. Dopo alcuni giorni trascorsi nel parco del castello, a percorrerne gli spazi e a prendere confidenza con la vegetazione, l'architettura, le irregolarità del terreno, il luogo aumentò gradualmente la sua influenza. In particolare, si creò un gioco di risonanze fra tre grandi alberi, le tre performer, e una doppia porta su una facciata del castello che individuava tre spazi di azione (all'esterno; nell'intercapedine tra le ante; all'interno dell'edificio). La ricorrenza del "tre" contribuì a strutturare il lavoro, che si incentrò su un dispositivo di enigmi visivi e di azioni suggestive di forze primigenie.
20. Sermoneta, "VII Cantiere di Teatro d'Arte", Giardino degli aranci, 9 settembre 2006.
21. Uznach (Svizzera), festival "Treffen der Freilichttheater", area del fiume Dämmli, 5 settembre 2010.
22. Per Merleau-Ponty la "cosa" "si dispiega davanti a noi per virtù sua" (M. Merleau-Ponty, *Il visibile e l'invisibile*, Bompiani, Milano, 2003, p. 178). Per Heidegger ogni oggetto ha la capacità di "radunare il mondo" (M. Heidegger, *Saggi e discorsi*, Mursia, Milano, 1976, p. 120). È significativa anche l'idea, che l'esperienza teatrale mi fa condividere, che l'oggetto stia oggi recuperando la possibilità di acquisire una nuova dimensione auratica, per l'effetto di moltiplicazione delle relazioni simboliche dovuto al complesso immaginario collettivo contemporaneo (cfr. M. Maffesoli, *L'oggetto soggettivo. O il mondo cristallizzato*, in *La scena immateriale*, a cura di A. Ferraro e G. Montagano, Costa & Nolan, Genova 1994).
23. Un riferimento importante per questo tipo di approccio rimane la nozione di "scrittura scenica" (cfr. G. Bartolucci, *La scrittura scenica*, Lerici, Roma, 1968; Id., *Testi critici 1964-1987*, a cura di V. Valentini e G. Mancini, Bulzoni, Roma, 2007; L. Mango, *La scrittura scenica. Un codice e le sue pratiche nel teatro del Novecento*, Bulzoni, Roma, 2003).
24. In realtà, non sempre il luogo viene scelto, perché la sollecitazione ad intervenire può derivare da una commissione, da una sollecitazione a lavorare in un sito preciso o da una selezione a monte effettuata nell'ambito della situazione organizzativa in cui il lavoro è inserito.
25. Cfr. G. Banu, *Il rosso e oro: una poetica della sala all'italiana*, Rizzoli, Milano, 1990.
26. *Teatro dei luoghi: Pomarance*, Pomarance, festival "Volterrateatro", Teatro dei Coraggiosi, 17 luglio 1998.
27. *Luce nera*, Amandola, "Festival Internazionale della Terra delle Sibille", Teatro La Fenice, 7 settembre 2000. Lo spettacolo coniugava il lavoro a partire dal luogo con riferimenti alla figura della Sibilla, che costituiva il tema del festival e dello spettacolo. In esso operavamo una trasfigurazione degli ambienti non finiti del teatro (un edificio ottocentesco in corso di restauro) in una sorta di cavità-labirinto: un luogo oscuro e dinamico, di visioni e profezie. Gli spettatori erano guidati dalle azioni lungo i corridoi sotterranei, il sottopalco, la sala, i palchetti, il palcoscenico, i camerini, gli ambienti di servizio, e infine la piazza esterna.
28. *Acuta di conoscenza, amara di nostalgia*, Rieti, festival "Dialoghi con la luna", Teatro Flavio Vespasiano, 9 novembre 1993.
29. Nel citato *Uno a uno* (vedi nota 12).
30. *Fatto coi piedi*, Tuscania, rassegna "Prologo", Teatro Pocci, 25 ottobre 1997: performance-percorso lungo corridoi e cortili adiacenti il teatro, destinata al pubblico in uscita dallo spettacolo precedente. Al tema dell'uscita erano associati quelli del camminare, dei passi, dei piedi. Gli spettatori, incitati in maniera incalzante da "comandi" registrati, si trovavano a percorrere spazi e cunicoli obbligati, spinti da esortazioni, tra proiezioni video, sonorizzazioni dei loro stessi passi, azioni di indicazione.
31. Rassegna "Schede di teatro", aula-teatro dell'Accademia di Belle Arti di Urbino, 1995.

il teatro dei luoghi

32. Programma di sala dello spettacolo. A questo tipo di lavori creati con gli studenti negli ambienti di studio appartenevano anche le istallazioni *Outstanding* (rassegna "Accademia in Campo", Accademia di Belle Arti di Roma, 2012) e *La classe* (festival "Onirica", Università degli Sudi di Catania, sede dell'SDS Architettura, Siracusa, 2014). Il luogo di *Outstanding* era l'aula multimediale dell'Accademia di Belle Arti di Roma a Campo Boario, spazio con una cifra architettonica precisa, con tralicci metallici e soffitto in mattoni, che, accanto all'aspetto tecnologico, mantiene il ricordo della propria originaria destinazione a mattatoio. Una videodanza di Alessandra Cristiani si muoveva tra le strutture del soffitto, dalle quali sembrava trarre spunto per i propri movimenti. Nei monitor collocati sui tavoli, le micro-silhouette di un uomo danzante (il professore che in quell'aula solitamente insegna), bianche su fondo nero, erano una sorta di "risposta" moltiplicata alla danzatrice sul soffitto. Le voci delle lezioni e delle discussioni con gli allievi emergevano dal suono che riempiva l'ambiente: un suono metallico che sembrava generato dall'architettura e dalle sue strutture. Anche in *La classe* il luogo era un'aula universitaria. Gli oggetti (i banchi, la lavagna) e le strutture (le travi del soffitto, le finestre) seguivano un nuovo ordine di senso e di rapporti. Gli strumenti utilizzati (lavagne luminose e videoproiettori) erano gli stessi impiegati nella didattica, usati in modo diverso dal normale. Tessiture di luce ripercorrevano le strutture dell'aula, il soffitto e le finestre. I tavoli, inclinati, erano percorsi da forme mobili videoproiettate, colorate, evocative di oggetti ed azioni (libri, fogli, progetti? Erano i tavoli a muoversi? O erano gli studenti e i loro lavori a farlo?). Sulla lavagna, le silhouette bianche degli allievi, anch'esse videoproiettate, svolgevano azioni che, spostandosi sul rettangolo nero, scoprivano per frammenti parole e frasi scritte col gesso, i cui significati erano risonanti con il resto dell'installazione e con il processo di lavoro che ad essa aveva condotto.
33. Vedi il paragrafo *L'ascolto, la regia e il lavoro con gli attori*, infra.
34. Nel senso che al termine viene dato da Gernot Böhme in *Atmosphäre. Essays zur neuen Ästhetik*, Suhrkamp Verlag, Frankfurt, 1995. Su questo tema torno più avanti.
35. *Accessibile agli uomini*, Roma, festival "Majakovskij", Forte Prenestino, 27 giugno 1993.
36. *In cerca di frasi vere*, Edimburgo, "International Fringe Festival", College of Art, 16 agosto 1993.
37. Roma, rassegna "Danza und Tanz", Teatro Furio Camillo, 31 marzo 2000.
38. Per memoria qui si intende la memoria del vissuto, non la memoria rappresentata, come potrebbe essere quella, ad esempio, evocata da un soggetto dipinto in una scenografia.
39. Un importante riferimento è il concetto di "senso storico" come lo intendeva Thomas Stearns Eliot: un'attitudine che «implica non soltanto la percezione della qualità dell'essere passato del *passato*, ma la percezione della sua *presenza*» ed è anche «una coscienza del passato che, per modo e per misura, il passato non è in grado di mostrare» (T. S. Eliot, *Tradizione e talento individuale* (1922), in *Il bosco sacro*, Bompiani, Milano, 2003).
40. Tra i testi che ho trovato più interessanti su questi temi: M. Augé, *Non luoghi*, Elèuthera, Milano, 1993; P. Virilio, *Lo spazio critico*, Dedalo, Bari, 1998; Id., *Città panico*, Raffaello Cortina Editore, Milano, 2004; J. Baudrillard, *Patafisica e arte del vedere*, Giunti, Firenze, 2006. 41. Cfr. P. Virilio, *Lo sguardo è in pericolo, stiamo perdendo la vista*, «Telèma», n. 10, autunno 1997.
42. Cfr. anche M. Pearson, M. Shank, *Theatre/Archaeology*, Routledge, Abingdon e New York, 2001.
43. Rispetto a questa compresenza di passato e presente nel luogo, affiorano

il teatro dei luoghi

questioni e sentimenti che fanno pensare a certe riflessioni di Augé sulle rovine, quando afferma ad esempio che l'opera antica «racconta il suo tempo, ma non lo racconta più in modo esauriente. Coloro che la contemplano oggi, quale che sia la loro erudizione, non avranno mai lo sguardo di chi la vide per la prima volta. È questa mancanza, questo vuoto, questo scarto fra la percezione scomparsa e la percezione attuale che l'opera originale esprime oggi» (M. Augé, *Rovine e macerie*, Bollati Boringhieri, Torino, 2004, pp. 25-26). L'antropologo francese parla poi di una condizione, per il visitatore, di "tempo puro": «la vista delle rovine ci fa fugacemente intuire l'esistenza di un tempo che non è quello di cui parlano i manuali di storia o che i restauri cercano di richiamare in vita. È un tempo *puro*, non databile . Un tempo perduto che l'arte a volte riesce a ritrovare» (ivi, p. 8).
**44.** Vedi nota 11.
**45.** Note di lavoro, riportate in *Taccuini*, in *Lingua stellare...*, cit., p. 206.
**46.** Formia, diversi siti archeologici, 19 settembre 1996. Il punto di partenza, dal quale il pubblico si spostava con le navette, era la piazza del Municipio, sede anche del Museo Nazionale Archeologico; il punto di arrivo, la Tomba di Cicerone.
**47.** Formia, Pescheria nuova, Darsena della quercia, Criptoportici romani, 19 settembre 1997.
**48.** Vedi nota 13.
**49.** Le incertezze della storia sono state il principale elemento-guida di un progetto del 2009, non realizzato, che si chiamava *Attribuzioni*, pensato per l'Auditorium di Mecenate a Roma. Suoi elementi ispiratori erano, con il luogo fisico e le sue memorie, le diverse interpretazioni che gli specialisti hanno dato della originaria destinazione d'uso dell'edificio, attribuendo ad esso, di volta in volta, la funzione di auditorium, odeon, ninfeo, triclinio, luogo di cenacoli, baccanali, esibizioni teatrali. Parte del fascino del monumento deriva proprio dal mistero della sua funzione. Nel progetto, le azioni, le immagini, i suoni erano pensati in relazione a questo mistero e per un pubblico in movimento in uno spazio continuamente rimodellato dalla luce e dalle azioni, con frequenti, visionari cambi dei punti di vista e delle immagini, che intendevano tradurre in termini poetici proprio il senso di incertezza sulle destinazioni attribuite all'edificio.
**50.** Roma, rassegna "Musei in festa", Museo delle Mura a Porta S. Sebastiano, 28 dicembre 2008.
**51.** Vedi nota 8.
**52.** Tentare di toccare l'essenza di un sito ed il suo spirito, e di riorganizzare questi elementi in un impianto di azioni concatenate, significa anche cercare di mettere ad operare le potenze del luogo. In questo tentativo di cogliere il nucleo più intimo risiede forse quel senso di "sacralità" che spesso, come ho potuto verificare, il pubblico avverte in questi lavori.
**53.** Non vi sono affinità anche per quanto riguarda l'idea dello sconfinamento. Perché il teatro dei luoghi tiene in gran conto quell'aspetto fondante dell'identità dei siti che sono i confini. Del resto, il concetto di limite è costitutivo della stessa idea di luogo: cfr. E. Casey, *The Fate of Place: A Philosophical History*, University of California Press, Berkeley, 1997. Ha scritto Martin Heidegger: «la delimitazione non è ciò su cui una cosa si arresta, ma ciò da cui una cosa inizia la sua presenza» (*Saggi e discorsi*, cit.). Mi sembra anche che la distinzione tra edificio teatrale e strada, visti come spazi per lo spettacolo di natura opposta, abbia perso alcune delle sue motivazioni. La marginalità produttiva e culturale del teatro nell'occidente contemporaneo è un dato di fatto. Ed è anche evidente come i luoghi teatrali tradizionali diano ormai un contributo limitato, in quanto spazi istituzionali, al rispecchiarsi e perpetuarsi dell'ordine sociale.
**54.** R. Bianchi, *Off Off and Away*, Studio Forma, Torino, 1981, p. 178. Vedi anche

il teatro dei luoghi

l'intervista a Laura Farabough e Christopher Hardman – i due leader dello Snake Theatre – nel volume *Autobiografia dell'avanguardia* curato dallo stesso Bianchi, Tirrenia-Stampatori, Torino, 1980; e T. Shank, *Theatre in Real Time*, Studio Forma, Torino, 1980. A un approccio simile nei confronti dei luoghi era ispirata la rassegna "La città del teatro", curata da Giuseppe Bartolucci a Roma nel 1977, nella quale una serie di artisti legati alla post-avanguardia furono chiamati a realizzare degli interventi in diversi posti della capitale, in qualche misura determinati «dallo spazio scelto che passava, dal ruolo di contenitore, ad uno di vero e proprio testo» (L. Mango, *La scrittura scenica...*, cit., p. 195)
**55.** Pearson mette giustamente in guardia dal considerare il *site-specific theatre* un "genere" e ragiona sulle questioni da esso messe in campo senza voler stabilire assunti definitivi. Cfr. M. Pearson, *Site-specific Performance*, Palgrave MacMillan, Basingstoke, 2010.
**56.** P. Pavis, *Dictionary of the Theatre: Terms, Concepts and Analysis*, University of Toronto Press, Toronto, 1998, p. 337, cit. nel libro di Pearson a p. 7.
**57.** N. Kaye, *Site-Specific Art: Performance, Place and Documentation*, Routledge, London and New York, 2000, p. 1, cit. nel libro di Pearson a p. 7.
**58.** F. Wilkie, *The Production of 'Site': Site-Specific Theatre*, in N. Holdsworth, M. Luckhurt (a cura di), *Contemporary British and Irish Drama*, Blackwell, Oxford, 2008. Altri testi sul tema: F. Wilkie, *Mapping the Terrain: a Survey of Site-Specific Performance in Britain*, «New Theatre Quarterly», n. 18, 2002; G. Mc Auley, *Local Acts: Site-Specific Performance Practice. Introduction*, in «About Performance», n. 7, 2007; C. Turner, *Palimpsest of Potential Space? Finding a Vocabulary for Site-Specific Performance*, «New Theatre Quarterly», n. 4, 2004; M. Kwon, *One Place After Another*, MIT Press, Cambridge (MA), 2004; V. Hunter, *Embodying the Site: the Here and Now in Site-Specific*, «New Theatre Quarterly», 2005; A. Birch, J. Tomkins (a cura di), *Performing Site-Specific Theatre: Politics, Place, Practice*, Palgrave MacMillan, Basingstoke, 2012.
**59.** Così riportato in M. Pearson, *Site-specific Performance*, cit., p. 8.
**60.** J. Machon, *Immersive Theatres: Intimacy and Immediacy in Contemporary Performance*, Palgrave Macmillan, Basingstoke, 2013, p. XV. Il termine immersivo era in uso negli anni Sessanta con riferimento ad alcune pratiche installative nel campo delle arti visive in Italia: ad esempio quelle del Gruppo T. Cfr. L. Meloni, *Gli ambienti del Gruppo T. Arte immersiva e interattiva*, Silvana Editoriale, Milano, 2004; M. Mangozzi, L. Meloni, F. Lardera, *Gli ambienti del Gruppo T*, Silvana Editoriale, Milano, 2006.
**61.** G. Sambonet in J. Turrell, *Dipinto con la luce*, a cura di G. Sambonet, Motta, Milano, 1998, p. 21. Cfr. anche J. Turrell, *Inside/Outside*, CV Publications, Londra, 2005. In una direzione simile si muove un altro artista californiano, Robert Irwin, esponente, come Turrel, di "Light & Space" (cfr. J. Butterfield, *The Art of Light & Space*, Abbeville Press, New York, 1993). Irwin ha definito i suoi interventi ambientali: lavori nei quali «il sito stabilisce i parametri e ne è, in parte, la ragione» (Cfr. R. Irwin, *Being and Circumstances. Notes Towards a Conditional Art*, The Lapis Press, Larkspur Landing, California, 1985, pp. 23-29).
**62.** Cfr. C. Adcock, *James Turrell: The Art of Light and Space*, University of California Press, Berkeley-Los Angeles-Oxford, 1990; A De Rosa (a cura di), *James Turrell. Geometrie di luce. Roden Crater Project*, Electa, Milano, 2007; Id., *Terra e luce. Dalla Gurfa al Roden Crater*, Skira, Torino, 2009.
**63.** N. Bourriaud, *Estetica relazionale*, cit., p.14.
**64.** Ivi, p.13.
**65.** Cfr. ivi, p. 15
**66.** Bourriaud nota in questo aspetto dell'arte relazionale un'affinità con le "situa-

zioni costruite" dei Situazionisti, «malgrado Guy Debord, in ultima istanza, negasse loro ogni carattere artistico» (ivi, p. 17).
**67.** Cfr. ivi, p. 15.
**68.** Forse, in questi casi, non si dovrebbe parlare di "teatro dei luoghi" in senso stretto, ma non mi soffermo su precisazioni terminologiche e di genere, che, del resto, non aggiungerebbero molto alla sostanza delle questioni.
**69.** Klagenfurt (Austria), Bergbaumuseum, 26 settembre 2007.
**70.** Vedi nota 16.
**71.** Vedi nota 9.
**72.** *Teatro dei luoghi: Monteverdi*, 16 luglio1998; *Teatro dei luoghi: Pomarance*, 17 luglio 1998; *Teatro dei luoghi: Castelnuovo*, 18 luglio 1998.
**73.** Cfr. *Luce attiva...*, cit.
**74.** «Le case – scrive Maria Zambrano – prima che con la pietra o il cemento o con qualsiasi altro materiale, sono fabbricate con la luce; con la luce e con le ombre. E lo stesso vale per strade e piazze, parchi e giardini» (M. Zambrano, *Dire luce. Scritti sulla pittura*, BUR-Rizzoli, Milano, 2013, p. 280).
**75.** Sulla luce nel mio lavoro, oltre al citato *Lingua stellare*, rinvio ai miei: *Teatro e luce contemporanea: le poetiche, le tecniche*, in *Se all'università si sperimenta il teatro*, a cura di V. Minoia, Magma, Pesaro, 1998; *Ein Flissender Mechanismus*, in *Dry Clean Show*, Steirischer Herbst, Graz, 2003; *Autoanalisi di una ricerca in corso*, in *Luce attiva*, cit; *Light as Action*, in *Performance Design*, a cura di D. Hannah e O. Harslof, Museum Tusculanum Press, Copenhagen, 2008; *La luce per il teatro*, in *Manuale di Progettazione Illuminotecnica*, a cura di M. Frascarolo, Mancosu, Roma, 2010; *Digitale a matrice scenica: il teatro che genera "cinema"*, in *Teatro e media*, a cura di A. Barsotti e C. Titomanlio, Felici, Ghezzano (PI), 2012; *Organic Light*, in «Theatre Arts Journal. Studies in Scenography and Performance», Tel Aviv, Winter 2015 (http://taj.tau.ac.il/); Vedi inoltre: S. Tarquini (a cura di), *La luce come pensiero*, cit.; L. V. Scardigno, *Una luce organica, nel teatro, nella città. Intervista a Fabrizio Crisafulli*, in V. Fiore, L. Ruzza (a cura di), *Luce artificiale e paesaggio urbano*, Lettera Ventidue, Siracusa, 2014.
**76.** Le installazioni e, in genere, i miei lavori senza attori, come anche quelli realizzati con gli studenti dei miei laboratori sulla luce, affrontano normalmente questioni a tutti gli effetti teatrali, e seguono, nei casi che qui descrivo, i principi del teatro dei luoghi. Considero questi lavori "teatro", pur non essendovi in essi né testo né attori, non solo perché contengono le sfere dell'azione, del movimento e del tempo, o perché hanno quasi sempre una componente sonora, ma anche e soprattutto perché hanno una costruzione di tipo drammaturgico. Infine, perché tendo a far mantenere nell'esito finale la memoria e l'energia delle "azioni" che soprintendono all'ideazione e all'esecuzione dell'opera. Quest'ultimo aspetto riguarda anche la tecnologia. Che non assumo come semplice strumento, ma quale elemento performativo, capace di dire qualcosa di sostanziale rispetto al tempo nel quel è stata concepita, oltre che allo spirito dell'intervento. In tal senso, penso le installazioni come un prolungamento del corpo e del gesto artistico e tecnico del loro autore e dei loro esecutori. Le penso come performance.
**77.** Catania, festival "Mappe", anfiteatro romano di piazza Stesicoro, 8 settembre 1999.
**78.** Parma, rassegna "Accordi di luce", Ponte romano-longobardo, 28 aprile 1998.
**79.** *Lysfest*, Roskilde (Danimarca), spettacolo-percorso nel centro storico, 31 ottobre 2013, ideato con la collaborazione di Bjørn Laursen (Roskilde Universitet) e Marie Berthelsen (Comune di Roskilde), con la partecipazione degli studenti di Performance Design della Roskilde Universitet.
**80.** Inaugurata il 9 gennaio 2004.

il teatro dei luoghi

**81.** *Et molto meravigliosi da vedere*, prima "Notte Bianca", Ponte Milvio, Roma, 27 settembre 2003.
**82.** Il lavoro seguiva i principi del teatro dei luoghi. Aveva invece scarse relazioni con certe modalità attuali della spettacolarizzazione urbana come la *media facade*, con la quale potrebbero essere possibili degli accostamenti formali, perché le immagini erano originate dal sito stesso; non erano costituite da elementi "esterni", da riprese fatte altrove e mandate sull'edificio assunto come display di informazioni di altra provenienza ed altra scala. Le proiezioni, inoltre, essendo "generate" dall'architettura e dalle sue forme non erano assimilabili a un "nuovo abito" applicato all'edificio, come nell'*architectural dressing*, altra diffusa modalità attuale dello spettacolo urbano. Derivavano dai suoi caratteri strutturali. Ed erano un'estensione immaginifica della vita e della memoria del luogo.
**83.** Vedi nota 69.
**84.** G. Bataille, *Lascaux. La nascita dell'arte* (1955), Mimemis, Sesto San Giovanni (MI), 2007.
**85.** Vedi nota 21.
**86.** Vedi in particolare le tecniche di *projecton mapping*, oggi diffusissime e tra i principali dispositivi della "città in allestimento" occidentale, usati soprattutto in relazione all'architettura (Cfr. L. Altarelli, *Light City*, Meltemi, Roma, 2006; L. Altarelli, R. Ottaviani, *Il sublime urbano*, Mancosu, Roma, 2007). La loro prima applicazione risale al 1969 in occasione dell'inaugurazione della Haunted Mansion a Dysneyland, in California (cfr. *The Illustrated History of Projection Mapping*, in www.projectionmapping.org), quindi nell'ambito dell'intrattenimento di massa. I volti di un certo numero di cantanti vennero proiettati (film in 16mm) sui corrispettivi ritratti scultorei, in modo da creare l'illusione del movimento dei ritratti stessi, che, con l'aiuto del suono, apparivano come volti di cantanti in carne e ossa, attivi sopra i loro mezzibusti.
**87.** Gli antecedenti storici della ricerca su questo rapporto credo vadano rintracciati nel cosiddetto "pre-cinema", in specifiche tecniche della lanterna magica e dello spettacolo ottico a partire dal XVII° secolo.
**88.** Il procedimento, che oggi si definirebbe di *projection mapping*, derivava dal tipo di ricerca che avevamo condotto nei laboratori di Catania degli anni Ottanta, rivolto a instaurare relazioni di reciproco scambio e determinazione tra luce e corpo, luce e oggetti.
**89.** Belgrado, Museo della Rivoluzione, 26 novembre 2005.
**90.** Roma, Teatro Sala 1, 15 dicembre 1998.
**91.** Dublino, Samuel Beckett Centre, 13 gennaio 2001.
**92.** Cfr. R. Murray Schafer, *Il paesaggio sonoro*, Ricordi/LIM, Roma, 1977; B. Truax, *Handbook for Acustic Ecology*, A.R.C. Publications, Vancouver, 1978.
**93.** Paliano, primo "Festival di teatrodanza nella Selva di Paliano", riserva naturalistica, 19 giugno 1998. La performance venne presentata a tarda notte. Le azioni si svolgevano sulle rive e sull'isolotto di uno dei laghi della riserva.
**94.** *Trapezio*, Biella, "Festival Internazionale delle Arti", Cittadellarte/Michelangelo Pistoletto Foundation, 25 settembre 1999. Il lavoro metteva in relazione tra loro i caratteri della struttura produttiva storica con quelli dell'odierno spazio d'arte. Il titolo derivava dal nome della grande sala dove la performance venne creata, che ha pianta trapezoidale.
**95.** Vedi nota 9.
**96.** Nello spettacolo la presenza dell'"esterno" era anche data dalle luci che avevamo collocato fuori dall'edificio e che in certi momenti facevamo filtrare all'interno attraverso le finestrelle e le fessure nel legno.
**97.** Vedi nota 20.

il teatro dei luoghi

**98.** Cfr. G. Böhme, *Atmosphäre...*, cit.; Id., *Atmosfere, estasi, messe in scena*, Christian Marinotti Edizioni, Milano, 2010; T. Griffero, A. Somaini (a cura di), *Atmosfere*, «Rivista di Estetica», numero monografico, 3, 2006. L'atmosfera è "il *prius* della nostra esperienza percettiva del mondo circostante"; ed è una condizione in cui non è possibile ancora "distinguere il polo soggettivo e quello oggettivo". Si tratta quindi di una condizione "predimensionale", di "sentimenti indefinitamente effusi nello spazio" (T. Griffero, *Dal bello all'atmosferico*, introduzione a G. Böhme, *Atmosfere...*, cit., pp. 17 - 18). Sui rapporti tra "atmosfera" e teatro, cfr. G. Böhme, *The Art of the Stage Set as a Paradigm of an Aestetichs of Atmospheres*, in www.cresson.archi.fr/PUBLI/pubCOLLOQUE/AMB8-confGBohme-eng.pdf; G. Home-Cook, *Theatre and Aural Attention*, Palgrave MacMillan, Basingstoke, 2015.
**99.** Ho descritto queste modalità di lavoro in *La scena-corpo*, in *Ipercorpo: spaesamenti nella creazione contemporanea*, a cura di P. Ruffini, Editoria & Spettacolo, Riano (RM), 2005 e in *Conversazione con Fabrizio Crisafulli*, a cura di S. Tarquini, in Id., *Fabrizio Crisafulli: un teatro dell'essere*, cit.
**100.** Ho registrato diverse volte le preoccupazioni dei committenti, enti locali o festival, nell'osservare, i primi giorni di preparazione di un lavoro di teatro dei luoghi, la nostra apparente inattività, il non montare palchi e luci, il non provare pezzi già preparati. Ma spesso ho poi anche visto il loro stupore nel vedere venir fuori lo spettacolo, gli ultimi giorni, come "dal nulla".
**101.** Vedi nota 46.
**102.** In cui, cioè, lo spettatore non sia un destinatario «senza memoria e senza inconscio», come dice Mario Perniola a proposito del pubblico della comunicazione (M. Perniola, *Contro la comunicazione*, Einaudi, Torino, 2004, p. 108).
**103.** Cfr. J. Hillmann, *L'anima dei luoghi*, con una conversazione con Carlo Truppi, Rizzoli, Milano, 2004, p. 98. Hillmann definisce "immaginazione partecipe" l'immaginazione che stava alla base della fondazione della città e dei templi nel mondo antico: «È necessario stare a lungo in un luogo perché l'immaginazione possa rispondere. L'idea che l'immaginazione deve rispondere a un luogo è evidente nel modo in cui i Greci sceglievano la localizzazione dei loro templi, dove le particolari qualità del paesaggio suggerivano all'immaginazione questo o quel dio – l'acqua per Afrodite, per esempio –, così che l'architetto, il costruttore veniva 'invocato' dal luogo. L'interiorità del luogo 'parlava' alla sua immaginazione, rendendo possibile sognare un luogo. Ciò poteva comportare consumare lì i pasti, bere il vino, abitare; avere l'intera psiche immersa nel luogo tanto da poter capire cosa il luogo voleva, 'come' cercava di esprimere se stesso» (p. 94); e riferendosi a quello che dovrebbe essere oggi un giusto atteggiamento della progettazione: «La questione è cosa vuole il luogo, non cosa vogliamo noi» (p. 96). E infine: «quell'immaginazione partecipe sulla quale la città fu fondata può essere ritrovata. È in mezzo a noi e potrebbe rifiorire, se solo si partisse non dal 'problema', da ciò che bisogna cambiare, o spostare, o costruire, o demolire, ma con ciò che è già qui, che ancora canta la propria anima, che ancora trattiene la scintilla di chi l'ha creato – sia esso un muro romano o un carrettino di hot-dog di New York, una strada di neon verticali di Osaka, o un giardino incolto sul retro di una casa a schiera di Glasgow» (p. 98).
**104.** Cfr. C. Norberg-Schulz, *Genius Loci. Paesaggio, ambiente, architettura*, Electa, Milano, 1979.

Giovanna Summo in *Ninfeo*,
Ninfeo del Bramante, Genazzano (RM), 1999

# Appendice

Giusi Gizzo, Mila Guerrieri, Agata Monterosso, Ramona Mirabella
nella performance *Tripla Italiana*,
castello Rosenberg sul Wörthersee (Austria), 1992.

# Il luogo come testo (1993)[1]

## Teatro come "non fare"

L'idea di teatro è normalmente connessa con quella del fare. Ma la sua essenza è legata a qualcosa che sta oltre l'azione. Prima e dopo di essa.
Mi chiedo se la dimensione che ad esso attiene maggiormente non sia quella del *non fare*. Non certo perché il teatro si preoccupa sempre di togliere le tracce fisiche del proprio passaggio; di *dis-fare* quanto ha appena *fatto*. E non solo perché si realizza in un Vuoto dello spazio e del tempo. C'è una sorta di inattività alla base della sua potenza.
In termini forse più chiari, mi chiedo se il teatro non sia più vicino all'*essere* che al fare.
Quel che importa è il paesaggio.
Non solo la scena esterna. Dico anche il paesaggio interiore: quel particolare tipo di scena che si crea dentro di noi quando siamo in una condizione ricettiva.
I due paesaggi – quello esterno e quello interiore – potrebbero essere la stessa cosa. "La scena del sogno è il corpo del sognatore", diceva Géza Róheim. E Jakob Burkhardt: "Ci piacerebbe conoscere l'onda sulla quale andiamo alla deriva nell'oceano; solo, quell'onda siamo noi stessi".
Mi chiedo ancora se il farsi portare dall'onda, attraversare dal mondo, non sia l'unica possibile condizione dell'attore. E il suo poter essere presente al luogo. Superare lo stadio dell'imitare l'azione. Negare la propria costituzionale atopìa.

il teatro dei luoghi

## L'attore che guarda, l'attore che ascolta

L'attore è normalmente inteso come qualcuno che sa bene come farsi ascoltare.
Conosce le tecniche per farlo. Qualcuno - usualmente - che giunge in uno spazio predisposto per eseguirvi una "parte". Raramente si pensa all'attore in scena come ad una persona che ascolta. E che osserva, o che pensa. Se non nella finzione dell'ascoltare, del guardare e del pensare. Del tendere l'orecchio in quel momento ed aguzzare lo sguardo in una data direzione, con gesti che portano l'attenzione su di sé.
Mi chiedo se tali gesti (che corrispondono certamente ad una *assenza*: l'assenza dell'attore rispetto al luogo e al tempo in cui si trova), se tale estraneità, non siano inaccettabili.
C'è qualcosa - nella realtà - che sembra esigere la presenza reale prima che il racconto o il progetto, che l'evocazione di un fatto passato o la prefigurazione di uno futuro: la presenza come essere realmente nel luogo, con i sensi ed il pensiero.

## Lo scenografo in scena

Lo scenografo di teatro è prevalentemente - ancora oggi - uno scenografo ottocentesco. Nel chiuso del suo studio, al suo tavolo da lavoro, nel luogo deputato del teatro, rischia sempre di creare cadaveri. Il *décor* da lui concepito è spesso contorno, fondo; materia inerte, incapace di scambi e di tensioni. E' un fenomeno trascinatosi troppo a lungo, soprattutto in Italia, un paese dove la scenografia dal Rinascimento in avanti, ha avuto vita così prestigiosa, talmente influente e incisiva, da essere largamente praticata tuttora con forme del passato, senza che alcuni si accorgano del suo anacronismo.
Mi chiedo se lo scenografo non debba togliersi dal chiuso del suo studio, andare fuori a sentire le cose che accadono; nei loro luo-

ghi. Forse contribuire a farle accadere, nei loro luoghi. Lasciare i quadri di genere, farsi parte del paesaggio. Ascoltare quanto esso può dire in sua *presenza*.

## Il vuoto nelle maglie della rete

Ai destini del corpo e del luogo è legato il futuro del teatro.
Il luogo è storicamente qualcosa di "identitario e relazionale", contenente un "senso inscritto e simboleggiato", dice Marc Augé. Esso ha perduto da tempo vigore e leggibilità. Non per mancanza, ma per eccesso di segni. Per surplus di immagini e di oggetti. Oppure, per marginalità. La sfera dell'informazione, le realtà virtuali, le comunicazioni a distanza, hanno lavorato al suo depotenziamento. Smaterializzando le realtà fisiche. Sovvertendo le regole spaziali. E temporali. Di distanza. E di velocità.
Il dispiegarsi della Rete, la sua estensione capillare, ha prodotto un continuum comunicazionale da cui il luogo è rimasto escluso. Restando fuori dalle sue maglie. "Il globale – scrive Paul Virilio – è divenuto l'interno di un mondo finito e il locale l'esterno (...). Tutto ciò che *ha luogo* è subito colpito da esclusione".

## Superfici

Luce e ombra si sono separate, dunque. Ora la prima sembra appartenere totalmente allo schermo. La seconda allo spazio.
La fine di quella convivenza significa – per la luce e per l'ombra – perdita di spessore. Questo vuol dire anche: i luoghi si sono appiattiti. Come lo schermo elettronico. Entrando in un gioco di superfici. Graffitismo metropolitano e luci gialle al sodio nei centri storici ce lo hanno detto – su due diversi fronti – con molta chiarezza.

il teatro dei luoghi

Ma questo fondale sbiadito che è divenuto il luogo, questo stagno, residuo tra canali di energia, nasconde qualcosa dietro la sua attuale apparenza esangue?
È certo che, in un'esistenza scandita da spostamenti veloci sui mezzi, lavoro al computer, legami via internet, e tuttora (in una "società dello spettacolo" comunque al suo canto del cigno) dai salotti televisivi, esso ha acquisito una sua strana "extraquotidianità". E, per quanto possa essere urbanizzato, sfruttato, contaminato, possiede oggi paradossalmente caratteri propri delle aree inesplorate.

## "Seconda generazione" del luogo

È rilevante l'apertura legata a questa nuova qualità di ignoto del luogo. Al suo appartenere ad un mondo di conoscenze e credenze rimescolate. Che ne ha messo totalmente in dubbio i riferimenti. Gli ordini. I simboli. Le gerarchie. Ma lo ha reso disponibile a nuove catalizzazioni di senso.
È del resto anche evidente che, in una realtà dove la norma è l'effetto speciale, il luogo – soprattutto nella sua declinazione di area abbandonata – diviene oggetto di stupore.
Se da un lato vi sono spazi nitidi, calcolabili, riconoscibili e fruibili (autostrade, aeroporti, *fast food* e tutto l'insieme dei cosiddetti non-luoghi), dall'altro, dietro la sua attuale velatura, il luogo apre nuovi mondi.
In questa dilatazione, si offre inaspettatamente come area di ricerca. E di immaginario. Contraddicendo l'idea della terra come spazio esaurito, che nulla può più rivelare. Affiancandosi allo spazio cosmico e al mondo dell'informazione (con la sua capacità virtualmente illimitata di creare nuovi universi) come zona – nuovamente – della scoperta e del fantastico.
È una "seconda generazione" del luogo. Dove questo, come la fiamma bachelardiana – con la quale ha in comune la fragilità e

il luogo come testo

la lotta per mantenere il proprio essere – pare chiamarci a vedere come fosse la prima volta.

## Una nuova fonte

Edward Gordon Craig, agli inizi del Novecento, parlava di architettura come dramma: "dramma del silenzio" da contrapporre al "dramma di parole". Sebbene poi, come teorico della scena, utilizzasse tale intuizione per affermare le istanze dell'architettura dentro il teatro, l'idea conteneva i germi di una concezione del luogo reale come sostanza e principio teatrali. Che non significa impiegare l'architettura, o il sito, come scenografia. Il discorso riguarda piuttosto la capacità del luogo di strutturare la creazione teatrale.
Nel luogo sembra pulsare oggi qualcosa che non è mai stato. Al suo primo battito. Nonostante l'eccesso di cose. Come "la parola di prima delle parole" di Artaud. Nonostante l'eccesso di parole. Qualcosa di impuro. In cui coesistono apparizione e scomparsa.
È proprio tale aspetto di scomparsa del luogo che sembra riallacciare il legame con l'utopia (où topos = luogo che non c'è), con l'indicibile, con la seduzione del vuoto.
Abitato da luci ed ombre di diversa natura, simboli incerti, cumuli di oggetti di differenti provenienze, e che hanno visto moltiplicare i propri referenti semantici, il luogo sembra pervaso da una sorta di animismo. Come un nuovo territorio pagano.
Per quanto del tutto artificiale, e secondario, questo territorio, come la natura di un tempo, pare divenire nuovamente *fonte*.

1. Il testo è stato pubblicato con il titolo *L'onda* in «Juliet Art Magazine», n. 63, giugno1993 e con il titolo *Il luogo come testo* in R. Guarino (a cura di), *Teatro dei luoghi. Il teatro come luogo e l'esperienza di Formia, 1996-98*, Gatd, Roma, 1998.

# La danza, lo spazio, il luogo

di Giovanna Summo

Il rapporto danza/luogo si è precisato, nel mio percorso artistico e in quello didattico, sia attraverso le esperienze "sul campo", che negli incontri con altri artisti che prima di me hanno affrontato la questione. L'interesse è nato anche dal mio personale bisogno di mantenere l'arte coreografica in collegamento diretto con la vita quotidiana. E di ricongiungerla, nello scenario contemporaneo, alle radici che l'hanno generata. Ho sempre percepito l'edificio teatrale come luogo importante e storicamente prezioso per la rappresentazione di quest'arte, ma limitante rispetto alle sue potenzialità.

## Spazio e immaginazione

Durante i miei anni di studio all'Accademia Nazionale di Danza a Roma, ho avuto la fortuna di incontrare Jean Cébron, insegnante della Folkwang Hochschule di Essen e collaboratore di Kurt Jooss e di Pina Bausch.
Studiare la sua tecnica è stata per me un' importante esperienza per l'acquisizione di una nuova consapevolezza della relazione danza/spazio. Fino ad allora la danza che avevo studiato era collocata in uno luogo neutro, in una specie di vuoto, e si focalizzava principalmente sullo sviluppo delle capacità tecniche del corpo. Il movimento favoriva le posizioni statiche rispetto

Giovanna Summo in *Numina*, regia di Fabrizio Crisafulli, coreografia di Giovanna Summo, necropoli etrusca, Cerveteri, 2000

a quelle dinamiche, ed il danzatore interagiva con lo spazio in un'unica direzione; dal corpo verso l'esterno, e più precisamente, verso il "davanti", in modo sostanzialmente bidimensionale.
È stato applicando i concetti di cinesfera e di icosaedro, che Jean Cébron ci insegnava, filtrati dalla sua esperienza della teoria di Laban, che ho iniziato a relazionarmi in modo più attivo e dinamico con lo spazio, al quale cominciavo a conferire presenza ed energia. Ho compreso allora le molteplici tensioni e dimensioni dello spazio, che, una volta attivate, rendono il corpo ed il movimento unitari e molteplici allo stesso tempo.
Un'altra scoperta fondamentale di quel periodo riguarda l'uso dell'immaginazione applicata al movimento. Attraverso esercizi di improvvisazione, Cébron chiedeva a noi studenti d'immaginare semplici relazioni dinamiche con lo spazio. Per esempio, immaginare di essere una foglia spinta dal vento, o di essere mossi dall'acqua: o di stabilire relazioni qualitative con un contesto costituito da materie come l'argilla, la sabbia, l'aria, il fuoco. Il collocare la sorgente del movimento in uno spazio immaginario esterno al corpo, oltre a rendere possibile una grande libertà espressiva, ci faceva percepire come le qualità dello spazio potessero essere comunicate istantaneamente al corpo e al suo movimento, in tutti gli aspetti: ritmo, energia, dinamica e forma. Questo metteva in evidenza in modo chiaro e concreto l'unità di corpo e spazio, col secondo che diventa una sorta di estensione invisibile del primo, e facilitava un libero scambio di energia tra le due parti: corpo e spazio, parte visibile e parte invisibile.

**Percezione sensoriale**

In seguito ho approfondito maggiormente questi concetti, visti da altre prospettive, con Steve Paxton e la Contact Improvisation. Per Paxton il contatto é la via principale di relazione con lo spazio, che si attua attraverso la percezione sensoriale. Quest'ultima è collocata nella parte più antica del cervello, quella in cui ha sede la memoria inconscia, e funziona per risposte immediate, nel "qui ed ora". Il corpo è un organismo vivo, capace di captare attraverso i sensi ciò che accade, quello che c'é momento per momento, e, in relazione a questo, è sempre pronto ad agire. Per Paxton nulla esiste di per sé. Tutto esiste nella relazione. Si e' sempre in contatto, in rapporto con qualcosa o con qualcuno. Quello che distingue le azioni tra loro è la differenza nel modo di relazionarsi con le cose o le persone con cui si entra in contatto. Quante più relazioni riusciamo a percepire contemporaneamente, tanto più la nostra espressione è specifica, articolata e ricca di sfumature.

Ricordo che, durante una lezione, Paxton ci chiese di eseguire un gesto semplice, e poi ci chiese di ripetere lo stesso gesto rapportandoci a differenti parti dello spazio. Per esempio, in relazione al centro del proprio corpo, oppure sopra il corpo, in basso, davanti, dietro. Ogni volta che il gesto veniva ripetuto eravamo indotti a percepire la differenza di cosa cambiava nel corpo e nel movimento rispetto al gesto eseguito precedentemente. Era evidente che il movimento cambiava completamente, sia nella qualità che nel significato, in base allo spazio cui ci riferivamo, Un'altra considerazione che fummo indotti a fare riguardava le differenti percezioni dall'esterno di una stessa azione, a seconda di come rivolga l'attenzione la persona che la svolge. La percezione di una persona che avanzava verso di noi, era ad esempio totalmente differente a seconda che concentrasse la sua attenzione alle sue spalle o di fronte.

Al concetto di spazio esterno Steve Paxton affiancava quello di spazio interno, che è uno spazio più misterioso ed impalpabile, per percepire il quale il lavoro sensoriale acquista un'importanza primaria. Attraverso la percezione dello spazio interno, spesso eseguita ad occhi chiusi, ho potuto scoprire la profondità e l'ampiezza di questo "luogo" nascosto, che è costituito da paesaggi di uguale vastità e complessità di quelli esterni. Il lavoro sull'interazione tra le due dimensioni, quella interna e quella esterna, è di importanza fondamentale. Durante questo tipo di lavoro si cre-

il teatro dei luoghi

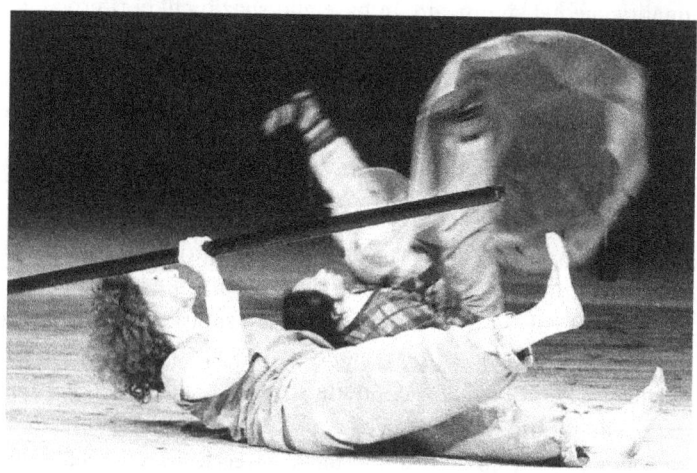

Simone Forti e Giovanna Summo, laboratorio condotto da Simone Forti, Teatro Spazio Zero, Roma, 1982

ano forti risonanze tra i due piani, che sono dimensioni parallele dell'esperienza. Il punto di "contatto" tra queste due dimensioni è la pelle: il più vasto organo sensoriale del nostro corpo, che è "luogo" d'incontro per eccellenza. La pelle, nel lavoro di Paxton, non è frontiera o separazione, ma spazio permeabile attraverso il quale passano tutte le informazioni, dall'esterno all'interno e viceversa, contaminandosi e trasformandosi. Durante questi processi, il corpo diviene esso stesso "luogo" della danza. Luogo dove vive il movimento. Luogo di transito tra mondo interiore ed esteriore. Corpo nuovo, sensibile e sensitivo, cosparso di ricettori. Corpo "tutto occhi". Che è una definizione dell'antichissima arte marziale indiana del Kalaripayattu, che Paxton prendeva come esempio.

Altre esperienze per me importanti per la comprensione dei rapporti tra corpo e spazio sono stati i laboratori con altri esponenti del movimento newyorkese della Judson Church, del quale Paxton faceva parte: Simone Forti e Dana Reitz; ed anche la mia partecipazione, nel corso degli anni, ad alcuni spettacoli di Renato Mambor (*Gli Osservatori*, 1983; *Di vista in vetro*, 1984; *Radiovisione*, 1989), il quale, essendo un artista visivo, lavorava molto sul rapporto del performer con gli oggetti e il luogo scenico.

## Luogo immaginario. Memoria sensoriale

Un contributo importante, nel determinare e definire ulteriormente il mio lavoro sul luogo, e' arrivato, per quanto riguarda in particolare la recitazione, dall'incontro con il "Metodo" Stanislavskij-Strasberg. Esso mi ha fatto comprendere l'importanza del ricreare con l'immaginazione, attraverso la memoria sensoriale, la presenza del luogo nell'azione teatrale, da assumere come base imprescindibile per la costruzione del personaggio. Il Metodo induce a fare riferimento non allo spazio in senso astratto, ma ad un luogo reale e concreto, un luogo specifico, che ha vita propria, rivissuto attraverso l'immaginazione e la memoria

sensoriale. Questo approccio, in quegli anni per me nuovo, suscitò immediatamente il mio interesse e volli sperimentarlo, oltre che nella recitazione, anche in ambito coreografico.
Mi resi conto che il nostro movimento varia molto, e in modo specifico, a seconda che ci si immagini di essere in un luogo chiuso oppure aperto, freddo o caldo, deserto o animato, silenzioso o caotico. Quindi iniziai a sperimentare un altro tipo di rapporto con la dimensione esterna: non più con lo spazio astratto, fatto di dimensioni e direzioni (sopra, sotto, avanti, dietro), come nelle esperienze precedenti, ma con uno spazio che, per quanto solo immaginato, si identifichi tuttavia con uno specifico luogo della realtà. E che, mi accorsi, poteva agire su di me a tutto tondo. L'immaginare la dimensione esterna come un luogo preciso, uno specifico microcosmo con identità e vita proprie, aveva il potere di attivare in me, con maggior effetto, la sfera psicologica ed emotiva.
Applicai questi principi ad una mia composizione coreografica, *Il lamento di Arianna*, su musica di Claudio Monteverdi, del 1982. Nel preparare questo lavoro, la prima cosa che presi in considerazione fu il luogo dove immaginavo che si svolgesse l'azione: una spiaggia deserta al tramonto, immersa in un silenzio irreale, con la presenza di un leggero soffio di vento. Immaginai poi che il sole tiepido abbandonasse il luogo tramontando lentamente, che il tepore dei suoi raggi fungesse da consolazione per il personaggio, che si trovava in una condizione di totale solitudine. Sulla scena solo gli scheletri di legno di alcune sedie a sdraio, che suggerivano un senso di vuoto.
I primi movimenti della coreografia furono semplicemente quelli di entrare in quel luogo deserto. La danza, inizialmente fatta di piccoli gesti, a volte lenti a volte repentini, era intrisa di quel luogo. Nel muovermi, mi guardavo attorno, cercavo. Inspiravo fortemente l'aria, trattenendola il più possibile nei polmoni, per poi, esausta, lasciarla andar via.
La qualità di quel luogo immaginario, desolato e vuoto, appena suggerito dagli oggetti, influenzava la qualità dei miei movimenti, creava tra essi un filo sottile, un pensiero invisibile che

la danza, lo spazio, il luogo

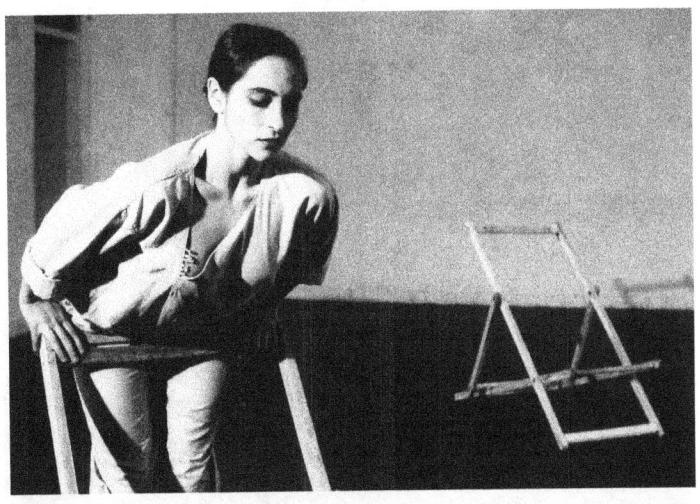

*Il lamento di Arianna* di e con Giovanna Summo, 1982

il teatro dei luoghi

Annamaria Campione, Giovanna Summo e Ian Sutton in *Songs*, coreografia di Ian Sutton, 1983

li percorreva, contribuendo a rendere le azioni organiche e coerenti.

Il luogo immaginato nutriva la mia ispirazione e sosteneva le mie azioni con energia. Si era creato un flusso continuo, un dialogo virtuoso, tra me che immaginavo di essere in quel paesaggio e quest'ultimo, che a sua volta stimolava in me pensieri ed emozioni, ai quali rispondevo con altri gesti e movimenti.

Scoprii la potenza creativa del luogo immaginario, capace di influire in maniera specifica sul mio comportamento, come un luogo reale.

la danza, lo spazio, il luogo

## Elementi "reali" nello spazio teatrale

Quando, nel 1981, vidi a Venezia per la prima volta il lavoro di Pina Bausch, fui letteralmente sconvolta dalla potenza della sua coreografia. Non avevo mai visto nulla di così forte nel campo della danza. Un aspetto che in particolare mi colpiva del suo lavoro, era l'uso di elementi naturali nella scenografia, frutto inizialmente della collaborazione con lo scenografo Rolf Borzik. L'impiego della terra ne *La Sagra della primavera*, dell'acqua in *Arien*, dell'erba in *1980*, delle foglie secche in *Blaubart*, ed anche di altri elementi come il muro di mattoni in *Palermo Palermo* o la terra/sabbia in *Viktor*, produceva una grande forza. La presenza di questi elementi portava una linfa vitale sulla scena, animandola di energie dirompenti. La scena non appariva più un luogo chiuso, fittizio, ma aperto e fortemente legato alla vita reale. La percezione e l'immaginazione dello spettatore ne erano alimentati fortemente. Gli elementi naturali creavano un

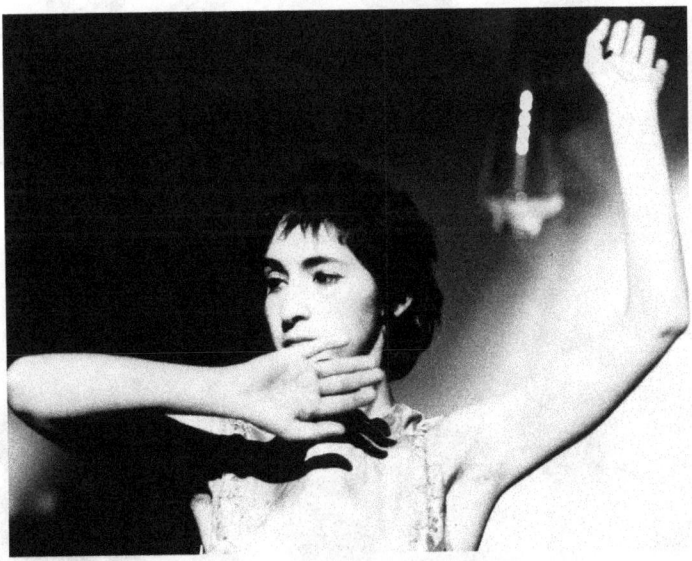

Giovanna Summo in *Di vista in vetro*, regia di Renato Mambor, coreografia di Giovanna Summo, 1984

ponte tra luogo teatrale e luogo reale. Le azioni dei danzatori, elaborate sulla base di materiali tratti dalla loro vita quotidiana, dalle loro vicende e nevrosi personali, che Pina Bausch chiedeva di mettere in gioco durante le improvvisazioni, trovavano un contesto forte ed adeguato in quelle scelte scenografiche[1].

Mi colpì molto il fatto che la scenografia di *Kontakthof* riproducesse il luogo, una vecchia sala cinematografica, nel quale si erano svolte le prove dello spettacolo. Il rapporto tra i danzatori e il luogo era stato così forte e intenso durante la preparazione dello spettacolo da diventare irrinunciabile e indurre la Bausch a fare questa scelta. Il lavoro creativo era stato fortemente determinato anche dal luogo, con le sue specifiche caratteristiche. Lo spettacolo avrebbe perso di significato con un'altra scenografia.

## Luoghi reali

Quando nel 1994 mi accinsi a realizzare la mia prima coreografia di una certa complessità pensata per uno spazio non teatrale - all'interno di un evento intitolato *Campo d'azione*, che comprendeva interventi di altri artisti - nel corso del sopralluogo fui colpita dall'assurdità del posto destinato allo spettacolo. Per la sua realizzazione, era stata scelta un'area sportiva nel centro di Ciampino. Un vecchio campo di calcio, circondato da alti edifici diroccati, un fazzoletto di terra ritagliato tra vecchie architetture in disfacimento. Scelsi di lavorare nel campo di calcio. E pensai subito alle partite rappresentate nelle strisce di Mordillo, ambientate in spazi impossibili ed assurdi, dove il rettangolo di gioco diventa nella storia uno strano luogo, nel quale accade tutto ciò che accade nella vita, e che diventa quindi una sorta di metafora del mondo. La prima immagine che mi venne in mente

Giovanna Summo in *Di vista in vetro*, regia di Renato Mambor, coreografia di Giovanna Summo, 1984

la danza, lo spazio, il luogo

e che adottai poi come momento iniziale del pezzo, fu una mia azione nella porta di calcio. Che, nel corso delle prove, si venne definendo come un lavoro sull'attesa. L'attesa del portiere che aspetta il suo oggetto del desiderio, la palla. Che sogna l'oggetto, vi si identifica, fino quasi a confondere con esso la propria identità. Per cui il mio personaggio era allo stesso tempo portiere e palla. Da quella prima situazione, emersero poi tutte le possibili figure dell'attesa. La donna che sta sull'uscio, sulla "porta", ed interpreta le innumerevoli attese vissute. Tutte le immagini e le dinamiche dell'aspettare, del guardare, del riflettere sulle azioni degli altri, aspettando il proprio momento. Sul finale dell'assolo, finalmente arrivava il tanto atteso incontro con la palla, ed il pezzo si concludeva con una parata.
E con una "parata" di calciatori iniziava la seconda parte della performance: undici danzatori entravano in fila in campo, per iniziare la partita. Collocata la palla al centro, subito dopo il fischio d'inizio dell'arbitro, la palla si animava, prendeva vita e poi volava verso l'alto per sparire in aria, lasciano tutti sbigot-

Sopra e a fronte: *Partita*, coreografia di Giovanna Summo,
campo di calcio della Polisportiva, Ciampino 1994

titi. Iniziava così una partita senza oggetto, dove ognuno seguiva una palla immaginaria. Tutti giocavano una propria partita, senza più "centro", in una moltitudine di azioni che si intersecavano e sovrapponevano. Corse, arresti improvvisi, lanci, dribbling si svolgevano ovunque e contemporaneamente, creando una coreografia astratta e complessa. Nel lavoro di Ciampino ho potuto constatare quanto fossero state importanti le competenze acquisite in precedenza, senza le quali non mi sarebbe stato facile rapportarmi creativamente al luogo, sperimentandone le potenzialità.

Compresi anche in quella occasione che, nel lavorare sul luogo, esso va percepito come reale, ma allo stesso tempo va immaginato. Attraverso il sottile gioco tra realtà ed immaginazione, si può essere capaci di trovare una nuova vita del luogo che ne esalti le peculiarità, ma allo stesso tempo lo trasfiguri in una nuova visione.

Un'altra esperienza per me importante è stata una performance realizzata sul tetto del Teatro Vascello di Roma nel 1998, *Il petto che scotta*, una "azione per danzatrice e telecamera". Il pezzo raccontava la storia di una donna che soffre di ansia, dorme notti agitate, non respira bene e ha il petto che le scotta. Va a dormire sul tetto per trovare refrigerio, ma l'ansia continua a perseguitarla anche per il sentore di una presenza scrutatrice rappresentata nella drammaturgia da una telecamera. Cerca con le sue azioni danzate di sfuggire a quella presenza inquietante e di eludere il suo controllo. Compare e scompare nello spazio, cerca di cambiare identità, diventando sonnambula o trasformandosi in un gatto. Quasi riesce a seminare l'osservatore intruso, ma poi l'occhio della telecamera la identifica nuovamente. E non resta altro che la fuga. Il pubblico, collocato all'interno del teatro, osservava l'azione, che si svolgeva in quel momento sul tetto, in un video *live*. Al termine della fuga, in spazi interni al teatro, la danzatrice raggiungeva il luogo dove si trovava il pubblico, rimuoveva lo schermo dove l'azione sul tetto era stata proiettata, azzerando cosi' l'azione della telecamera, e liberandosi definitivamente dell'occhio scrutatore. Di fronte al pubblico

la danza, lo spazio, il luogo

*Il petto che scotta* di e con Giovanna Summo,
tetto del Teatro Il Vascello, Roma, 1998

recitava un breve testo giocato sulla ripetizione di parole con la doppia lettera "t", come tetto, petto, scotta, gatta. "Ecco tutto, tutto fatto!". Dicendo così concludeva l'azione, dirigendosi verso un'uscita di sicurezza e aprendo lo spazio teatrale nuovamente all'esterno, alla strada.

### Teatro dei luoghi

Durante *Campo d'Azione*, lo spettacolo/"partita" prima descritto, ho avuto l'occasione di conoscere il lavoro di Fabrizio Crisafulli, che stava preparando, insieme a Daria Deflorian, un pezzo per la stessa serata, nei piani e sul tetto di un edificio abbandonato che costeggia il campo di calcio. Col mio e ad altri due pezzi, di

la danza, lo spazio, il luogo

Adonella Monaco e di Marcello Sambati, venivano a costituire un unico percorso teatrale. Fui subito impressionata dalla sua capacità di percepire il luogo in maniera insolita ed essenziale. Il suo intervento era minimale, non invasivo, ed era capace di rivelare una vita del luogo che era allo stesso tempo una vita da sempre esistente e una vita possibile.

Sopra e a fronte: Giovanna Summo in *Il teatro dei luoghi*,
dimostrazione di lavoro di Fabrizio Crisafulli e Giovanna Summo,
Teatro piccolo e Scuola delle Arti, Roma, 1998

## il teatro dei luoghi

L'entusiasmo per la sua visione stimolante ed innovativa, mi portò di lì a poco ad aderire al suo progetto *teatro dei luoghi*. Vedere il luogo quale drammaturgia, com'è tipico di questo progetto, è stata un'ulteriore tappa della mia ricerca. Compresi come tutte le mie esperienze precedenti potessero trovare un nuovo spazio creativo applicando questo tipo di impostazione.

Nella visione del *teatro dei luoghi* le potenzialità del sito si espandono, perché esso, oltre che come spazio della rappresentazione, viene inteso, appunto, anche come *drammaturgia*. Le mie esperienze formative e di pratica artistica in relazione allo spazio hanno trovato nuova spinta nell'incontro con questa nuova modalità di lavoro dalla visione ampia, complessa e sottile, e, nel corso del tempo, hanno dato anche vita ad un particolare training di composizione.

Quando mi trovo nel luogo prescelto per l'azione, vi rimango a lungo senza fare nulla di preciso o di apparentemente significativo. Compio azioni semplici, osservo il luogo, lo abito, lo sistemo e lo modifico per renderlo meglio agibile e percorribile, ascolto i suoi rumori. In questo modo, lascio che gradualmente si assottiglino i limiti tra me ed il luogo, che questo entri gradualmente in me, comunicandomi suggestioni, piccoli segnali e scintille che pian piano mi guidano nell'azione. Il corpo diventa sempre più trasparente e ricettivo, e gli stimoli si traducono in movimento, voce, parola, azioni. E queste alla fine tendono a manifestare, attraverso il filtro del mio personale sentire e della mia esperienza, lo *spirito* del luogo.

Giovanna Summo in *Una pietra sopra*, Piansano, 1998 e, a destra, in *Spirito dei luoghi 96*, regia di Fabrizio Crisafulli, Tomba di Cicerone, Formia, 1996

la danza, lo spazio, il luogo

Giovanna Summo in *Le Acque*, regia di Fabrizio Crisafulli,
coreografia di Giovanna Summo, Selva di Paliano (FR), 1998

Le energie provenienti dall'esterno, quindi, attivano la mia vita interiore e la capacità del corpo di farsi corpo osservatore, interprete, *conduttore*. Il corpo diventa uno "schermo" attraverso il quale passa quello che succede nel luogo. Il corpo mostra, del luogo, gli impulsi, l'energia. Più il corpo diventa trasparente, più ci si dimentica del corpo, più questo attraversamento è possibile. Il corpo che sente il luogo dove si trova, ne tiene conto sensibilmente e se ne fa attraversare, si fa cassa di risonanza e "monitor" del luogo. Allora, anche per la presenza dello spettacolo e di quel corpo nello spettacolo, il luogo si fa stato d'animo e il corpo si "plasma" secondo questo stato d'animo. Da corpo esecutore diventa corpo conduttore. Non origine del movimento, ma tramite. Allora il movimento non è né l'inizio né la fine di quello che accade. È tramite del tempo. E la danza diventa pensiero danzante, connessione tra movimenti esterni e movimenti interni, movimenti del luogo e movimenti della mia interiorità.

Il sentimento del luogo, in questo tipo di lavoro, diventa anche sentimento dei suoi elementi costitutivi. Un conto è un bosco, un conto sono le pietre. Nel 1999, nel centro storico abbandonato di Piansano, una cittadina in provincia di Viterbo, realizzai una performance all'interno di *Geografie dell'anima*, un percorso pensato collettivamente da diversi artisti e gruppi di teatro. Il tema della pietra, in quel posto diroccato, era molto importante. Mi misi a lavorare in un piccolo pezzo di terreno recintato, circondato da una rete, dove trovai dei massi di tufo. Cominciai a lavorare con una di queste grandi pietre, che gradualmente diventò il centro del pezzo. Seduta su una sedia, la tenevo addosso (poi chiamai il lavoro *Una pietra sopra*), a tratti sollevandola, scostandola leggermente dal corpo, "cullandola", facendola vibrare, oscillare o dondolare. Attraverso i miei movimenti e spostamenti, la pietra si animava e "creava" movimenti ed immagini "autonome", che a loro volta influivano sul movimento. Il corpo era divenuto cassa di risonanza della pietra e del luogo, la pietra prolungamento del corpo e il luogo la loro "casa".

A volte il lavoro con la luce di Crisafulli, che è sempre legato al luogo come se questo fosse la sua origine e allo stesso tempo

Giovanna Summo in *Il Bianco*, regia di Fabrizio Crisafulli,
coreografia di Giovanna Summo,
laboratorio Rossi Alabastri, Volterra, 1998

la realtà da trasformare, aggiungeva un elemento poetico che mutava il luogo in qualcosa di diverso non solo visivamente, ma anche dal punto di vista energetico, e col quale quindi mi rapportavo in un modo che inizialmente non era prevedibile. Ricordo una sensazione del genere nella parte finale della performance *Il Bianco* (1998), che era organizzata come un percorso all'interno di una antica fabbrica di alabastro a Volterra. In quello che era l'ultimo ambiente del percorso, lavoravo su un grande cumulo di massi di alabastro. Crisafulli vi proiettò sopra un'immagine di altri massi, sovrapponendo alle pietre altre pietre. Mi sembrava di stare sopra una montagna che sentivo anche come un nido, un luogo protetto. Mi misi al centro della "montagna" e, mentre agivo, mi sentivo il nucleo pulsante di un microcosmo che sambrava costituito da particelle infinitesimali.

Nel teatro dei luoghi, gli accadimenti del sito e del corpo gradualmente si compongono diventando alla fine la struttura del pezzo. Una struttura che rimane aperta e libera di reagire a quanto succede attorno, ai cambiamenti nell'ambiente, agli imprevisti, alle reazioni del pubblico. E, durante la rappresentazione, gli spettatori entrano nel gioco di risonanze che il lavoro mette in movimento.

---

1. "Terra, acqua, foglie o sassi in scena creano una esperienza sensoriale del tutto particolare. Modificano i movimenti, disegnano tracce dei movimenti, producono determinati odori. La terra si attacca alla pelle, l'acqua penetra nei vestiti, li rende pesanti e produce dei rumori. I mattoni di un muro abbattuto rendono il camminare difficile e insicuro. Se si porta all'interno di un teatro qualcosa che normalmente sta al di fuori, ci si apre lo sguardo. Improvvisamente si vedono cose che si credeva di conoscere in modo del tutto nuovo – come se fosse la prima volta. I molti materiali che usiamo sono cose naturali, che normalmente non hanno a che fare con quel luogo. Esse ci irritano e ci invitano a guardare in un modo completamente diverso. Impegnano i nostri sensi e ci portano a non pensare più e a cominciare invece a percepire, a sentire" (Pina Bausch, discorso in occasione della laurea ad honorem conferitagli dall'Università di Bologna, riportato in «Art'O», n. 4, gennaio 2000).

Apparati

# Schede dei lavori realizzati, 1991-2014

## Spettacoli e installazioni

*Il Pudore Bene in Vista*. Scrittura scenica, regia, scena, luci: *Fabrizio Crisafulli*. Con *Giusi Gizzo, Ramona Mirabella, Agata Monterosso*; nei filmati: *Fabrizio Crisafulli, Giusi Gizzo, Maria Giovanna Palazzo, Gemma Spina*. Operatori audio visuali: *Salvo Caruso, Adele Mirabella, Mila Guerrieri*. Costumi collettivi. Collaborazione tecnica: *Marzia Andronico, Massimo Corsaro, Tommaso Scibilia*. Musiche: *A. Vollenweider, D. Shostakovich, I. Strawinsky, P. Portella, G. Bottesini, G. Paisiello, Biota, S. Jeffes, S. Brown*. Produzione: Il Pudore Bene in Vista, in collaborazione con Accademia di Belle Arti di Catania e Teatro Potlach. Prima presentazione: Fara Sabina (RI), Festival Internazionale di Teatro, Teatro della Rocca, 4 settembre 1991.

*Risveglio Ufficiale del Canarino*. Scrittura scenica, regia, scena, luci: *Fabrizio Crisafulli*. Attori-operatori: *Gaetano Alfieri, Michele Bassetta, Francesco Bentivegna, Salvo Caruso, Gina Costa, Giusi De Grandi, Giusi Di Mauro, Mila Guerrieri, Assunta Gulino, Marta Limoli, Daniela Miranda, Luisiana Pondi, Giuseppe Spampinato, Adriana Stella, Emanuele Ragusa* e *Giuseppe Tummino*. Musiche: *Beethoven, Rossini, Schubert, Pink Floyd, Dean Martin, Arts of Noise, Ofra Haza* e *Vangelis*. Produzione: Il Pudore Bene in Vista, in collaborazione con Accademia di Belle Arti di Catania e Teatro Potlach. Prima presentazione: Fara Sabina (RI), Festival Internazionale di Teatro, Teatro della Rocca, 6 settembre 1991.

il teatro dei luoghi

*Città delle ombre.* Installazione, con una azione di *Nathalie Mentha* (Teatro Potlach). Collaborazione artistica: *Adele Mirabella.* Allestimento: *Francesco Bentivegna, Assunta Gulino, Luisiana Pondi, Tommaso Scibilia, Giuseppe Spampinato, Adriana Stella, Emanuele Ragusa.* Musiche: *Mozart, Ramaswany* e *Schubert.* Voci registrate dal vivo alla mensa del Festival. Progetto "Citta invisibili" coordinato dal Teatro Potlach e diretto da *Pino Di Buduo.* Produzione: Teatro Potlach, Il Pudore Bene in Vista, in collaborazione con Regione Lazio - Assessorato alla Cultura, Comune di Fara Sabina.
Prima presentazione: Fara Sabina (RI), piazzetta, cantine e giardino privati nel centro storico, 12 settembre 1991.

*Nuvolè.* Ideazione, regia, scena, luci: *Fabrizio Crisafulli.* Con *Marcus Acauan, Ivan Tanteri.* Collaborazione tecnica: *Tommaso Scibilia.* Produzione: Teatro Potlach, Il Pudore Bene in Vista. Prima presentazione: Fara Sabina (RI), Teatro della Rocca, 10 dicembre 1991.

*La memoria che si vede.* Spettacolo di luci. Ideazione, progetto del teatro, regia, luci: *Fabrizio Crisafulli.* Assistente scenografa: *Lucia Riccelli.* Direzione lavori realizzazione teatro: *Riccardo Misesti.* Direzione allestimento scenico: *Paola Cavigli.* Direzione tecnica per i Guzzini Illuminazione: *Piergiovanni Ceregioli, Marco Giraldi.* Coordinamento organizzativo: *Lea Di Muzio.* Capo équipe elettricisti: *Eugenio Dei.* Scelta delle musiche e onorizzazione: *Biagio Guerrera.* Musiche: *Rossini, Mozart, Saint-Saens, Penguin Cafè Orchestra, Cilea, Marchay.* Produzione: I Guzzini Illuminazione, Il Pudore Bene in Vista.
Prima presentazione: Arezzo, Mostra-laboratorio Habitat & Identità, teatro progettato dall'autore, 28 febbraio 1992.

*Tripla Italiana.* Ideazione, regia, luci: *Fabrizio Crisafulli.* Con *Giusi Gizzo, Ramona Mirabella, Agata Monterosso.* Collaborazione artistica: *Adele Mirabella.* Collaborazione tecnica: *Salvo Caruso, Mila Guerrieri, Tommaso Scibilia.* Musiche di *Michael*

*Rot, Gabriel Pierne, Stephan Kühne* eseguite dal vivo dal *Carinthia Saxophon Quartet*. Progetto "Città Invisibili" coordinato dal Teatro Potlach e diretto da *Pino Di Buduo*. Produzione: Teatro Potlach, Il Pudore Bene in Vista, in collaborazione con Woche der Begegnung, ORF, Ufficio della Cultura della città di Klagenfurt. Prima presentazione: Klagenfurt, festival Woche der Begegnung, giardino del castello Rosenberg, 19 giugno 1992.

*Inzommu Malta*. Ideazione, regia, luci: *Fabrizio Crisafulli*. Con *Giusi Gizzo, Ramona Mirabella, Agata Monterosso*. Collaborazione artistica: *Adele Mirabella*. Collaborazione tecnica: *Marzia Andronico, Salvo Caruso, Massimo Corsaro, Mila Guerrieri, Tommaso Scibilia*. Progetto "Città Invisibili" coordinato dal Teatro Potlach e diretto da *Pino Di Buduo*. Produzione: Teatro Potlach, Il Pudore Bene in Vista, in collaborazione con Ministero della Gioventù e della Cultura, Malta.
Prima presentazione: Malta, Malta International Festival, Castello dei Cavalieri di Malta e tratto di mare limitrofo, 15 luglio 1992.

*Porta a porta*. Installazione, con una azione di *Nathalie Mentha* (Teatro Potlach). Collaborazione artistica *Adele Mirabella*. Collaborazione tecnica: *Luisiana Pondi*. Progetto "Territorium Artis" coordinato dal Teatro Potlach e diretto da *Pino Di Buduo*. Produzione: Teatro Potlach, Il Pudore Bene in Vista, in collaborazione con: Regione Lazio - Assessorato alla Cultura; Comune di Fara Sabina. Prima presentazione: Fara Sabina (RI), Festival Territorium Artis, cantine del Municipio e spazi limitrofi, 14 maggio 1993.

*Accessibile agli uomini*. Ideazione: *Fabrizio Crisafulli, Daria Deflorian*. Drammaturgia: *Daria Deflorian* su testi di *Ingeborg Bachmann*. Regia, spazio scenico, luci: *Fabrizio Crisafulli*. Con *Daria Deflorian*. Collaborazione artistica: *Adele Mirabella*. Musiche: *Schubert, Händel, Penderecki*. Produzione: Il Pudore Bene in Vista.
Prima presentazione: Roma, Festival Majakovskij, Forte Prenestino, 27 giugno 1993.

*In cerca di frasi vere.* Ideazione: *Fabrizio Crisafulli, Daria Deflorian.* Drammaturgia: *Daria Deflorian* su testi di *Ingeborg Bachmann.* Regia, scena, luci: *Fabrizio Crisafulli.* Con *Daria Deflorian.* Collaborazione artistica: *Adele Mirabella.* Assistente alla regia: *Lucia Riccelli.* Costumi: *Patrizia Sgamma.* Oggetti meccanici: *Giovanni Albanese.* Consulenza letteraria: *Christine Koschel, Inge Von Weidenbaum.* Musiche: *Schubert, Händel, Penderecki, Glass.* Produzione: Il Pudore Bene in Vista. Prima presentazione: Edimburgo, International Fringe Festival, College of Art, 16 agosto 1993.

*Acuta di conoscenza, amara di nostalgia.* Ideazione: *Fabrizio Crisafulli, Daria Deflorian.* Drammaturgia: *Daria Deflorian* su testi di *Ingeborg Bachmann.* Regia, spazio, luci: *Fabrizio Crisafulli.* Con *Daria Deflorian.* Collaborazione tecnica: *Madia Cotimbo, Lucia Riccelli.* Musiche: *Anonimo del XIV secolo, Aubry, Glass.* Produzione: Il Pudore Bene in Vista in collaborazione con Teatro Potlach. Prima presentazione: Rieti, Festival Dialoghi con la luna, Salone degli Specchi del Teatro Flavio Vespasiano, 9 novembre 1993.

*Shifts.* Ideazione: *Fabrizio Crisafulli, Sophy Griffiths, Isabel Rocamora.* Coreografia e interpretazione: *Sophy Griffiths, Isabel Rocamora.* Disegno luci: *Fabrizio Crisafulli.* Costumi: *Claudia Kilian.* Sonorizzazione: *Dean Frederick.* Musiche: *Dimitri Shostakovich* (adattamento *Momentary Fusion*), *Tibor Szemzo.* Produzione: Momentary Fusion, Il Pudore Bene in Vista; in collaborazione con: London Arts Board; The Prince's Trust, Shiva Ltd. Prima presentazione: Londra, Lilian Baylis Theatre-Sadlers Wells, 26 agosto 1994.

*Campo d'azione.* Ideazione e regia: *Fabrizio Crisafulli, Daria Deflorian, Adonella Monaco, Marcello Sambati, Giovanna Summo.* Con *Adonella Monaco, Daria Deflorian, Marcello Sambati, Giovanna Summo, Giuseppe Alagia, Laura Benfenati, Felice Casciano, Tiziana Fornetti, Vincenzo La Pertosa, Simona Galluppi,*

schede dei lavori realizzati

*Ingrid Golding, Maria Teresa Marotta, Massimiliano Pederiva, Maria Grazia Sarandrea, Marco Vallarino*. Costumi collettivi. Progetto luci: *Fabrizio Crisafulli*. Produzione: Dark Camera, Laboratori Riuniti, Il Pudore Bene in Vista, Roma Sud, in collaborazione con Comune di Ciampino - Assessorato alla Cultura.
Prima presentazione: Ciampino (RM), campo di calcio della Polisportiva ed edificio abbandonato dell'Igdo, 24 settembre 1994.

*Sonni*. Ideazione e scrittura scenica: *Fabrizio Crisafulli, Daria Deflorian*. Testi di: *Yasunari Kawabata, Yukio Mishima*. Regia, scena, luci: *Fabrizio Crisafulli*. Con: *Daria Deflorian, Patrizia Tagliolini, Francesca Limana, Felicita Platania*. Costumi collettivi. Collaborazione artistica: *Adele Mirabella*. Collaborazione tecnica: *Francesca Nunziante, Maja Vuurmans*. Assistente alla regia: *Felicita Platania*. Musiche: *Pasquale Filastò*. Sonorizzazione: *Massimo Di Rollo*. Produzione: Il Pudore Bene in Vista, in collaborazione con Comune di Ciampino - Assessorato alla Cultura; Japan Foundation Roma.
Prima presentazione: Ciampino (RM), rassegna Incanti, Teatro Laboratorio, 13 maggio 1995.

*Le Addormentate*. Ideazione e scrittura scenica: *Fabrizio Crisafulli, Daria Deflorian*. Testi di *Yasunari Kawabata*. Regia, scena, luci: *Fabrizio Crisafulli*. Con *Daria Deflorian, Lucia Riccelli, Francesca Limana*. Collaborazione artistica: *Adele Mirabella*. Collaborazione al progetto: *Patrizia Tagliolini*. Collaborazione tecnica: *Francesca Nunziante, Cristina Mancini*. Costumi: *Eva Coen*. Assistente alla regia: *Felicita Platania*. Musiche: *Pasquale Filastò*. Sonorizzazione: *Massimo Di Rollo*. Esecuzione delle musiche: *Pasquale Filastò* (violoncello), *Claudio Iacomucci* (fisarmonica). Produzione: Il Pudore Bene in Vista, in collaborazione con: Comitato Progetto Musica, Comune di Roma, Assessorato alla Cultura; Galleria Sala 1; Japan Foundation Roma.
Prima presentazione: Roma, Festival Animato 95, Galleria Sala 1, 27 maggio 1995.

*Spirito.* Installazione. Assistente *Felicita Platania.* Produzione Il Pudore Bene in Vista, in collaborazione con: Associazione Culturale Tevere 2001; Associazione Culturale Sottotraccia; Comune di Roma, Assessorato alla Cultura.
Prima presentazione: Roma, rassegna Durante l'assedio, Torre Valadier a Ponte Milvio, 24 giugno 1995.

*High Vaultage.* Ideazione: *Fabrizio Crisafulli, Momentary Fusion, Gareth Williams.* Coreografia: *Sophy Griffiths, Isabel Rocamora.* Disegno luci: *Fabrizio Crisafulli.* Con *Blanca Arrieta Albanot, Nicky Gibbs, Sophy Griffiths, Kate Oliver, Isabel Rocamora, Steve Wagland* e con i musicisti-performers *Jane Burdon, Jo Pete, Gareth Williams.* Costumi: *Brian North, Isabel Rocamora* (consulente *Emma Fryer).* Direzione tecnica: *Greg Clarke.* Musiche: *Gareth Williams.* Assistente alle proiezioni: *Felicita Platania.* Produzione: Momentary Fusion, Il Pudore Bene in Vista, in collaborazione con: London Arts Board, Camden L. & C., Shiva Ltd. Prima presentazione: Londra, Arts Depot, Turnhalle Building, 18 luglio 1995.

*S'era fino.* Installazione. Assistenti: *Adele Mirabella, Felicita Platania.* Produzione: Il Pudore Bene in Vista, in collaborazione con Museo Laboratorio delle Arti Contemporanee dell'Università degli Studi della Tuscia e di Viterbo, Comune di Bomarzo, Associazione Pro Loco di Bomarzo. Prima presentazione: Bomarzo (VT), rassegna Incantesimi, cantina privata del centro storico, 9 settembre 1995.

*Bandoni.* Ideazione, regia, luci: *Fabrizio Crisafulli.* Con *Valerio Di Pasquale, Carmen López Luna.* Collaborazione artistica: *Adele Mirabella.* Collaborazione tecnica: *Filippo Iezzi, Gabriele Moreschi, Luca Nardelli.* Progetto "La Passione. Pasolini al Mandrione". Direzione artistica *Marcello Sambati.* Responsabile del progetto: *Daria Deflorian.* Produzione: Il Pudore Bene in Vista, in collaborazione con Art Department, Dark Camera, Consorzio Mandrione, Teatro di Roma, Fondo Pasolini.

schede dei lavori realizzati

Prima presentazione: Roma, Acquedotto Felice a via del Mandrione, 3 Novembre 1995.

*Centro e ali.* Ideazione, scrittura scenica, regia, spazio, luci: *Fabrizio Crisafulli*. Coreografia: *Giovanna Summo*. Con *Giovanna Summo, Carmen López Luna, Anne Line Redtrøen*. Collaborazione artistica: *Adele Mirabella*. Collaborazione tecnica: *Valerio Di Pasquale, Sonia Fabbrocino, Carmen López Luna*. Costumi: *Eva Coen*. Assistente costumista: *Livia Crispolti*. Musiche: *Pasquale Filastò, Meredith Monk*. Sonorizzazione: *Aidan Zammit*. Produzione: Il Pudore Bene in Vista, in collaborazione con: Comitato Progetto Musica; Comune di Roma, Assessorato alla Cultura; Galleria Sala 1; Comune di Tuscania; Japan Foundation Roma. Prima presentazione: Roma, Festival Animato 96, Galleria Sala 1, 10 maggio 1996.

*Restituzione.* Installazione. Assistente: *Sonia Fabbrocino*. Produzione: Il Pudore Bene in Vista, in collaborazione con: Tuscania Teatro; Regione Lazio, Assessorato alla Cultura; Comune di Tuscania, Assessorato alla Cultura.
Prima presentazione: Tuscania (VT), Tuscania Festival 96, Lavatoio delle Sette Cannelle, 12 settembre 1996.

*Spirito dei luoghi 96.* Ideazione e regia: *Fabrizio Crisafulli*. Testi: *Albert Camus, Marco Tullio Cicerone*. Con *Marcus Acauan, Marzia Andronico, Massimo Corsaro, Fabrizio Crisafulli, Barbara de Luzenberger, Valerio Di Pasquale, Carmen López Luna, Marcello Sambati, Barbara Sartori, Giovanna Summo*. Con un'installazione di *Salvatore Bartolomeo*. Costumi collettivi. Progetto luci: *Fabrizio Crisafulli*. Musiche: *Marco Schiavoni, Giacinto Scelsi, Mikis Theodorakis*. Collaborazione tecnica: *Barbara Cardogna, Sonia Fabbrocino, Marco Giombini, Barbara Montironi, Luigi Scoglio*. Produzione: Il Pudore Bene in Vista, in collaborazione con: Crt Hormiai Teatro; Comune di Formia, Settore Politiche Culturali; Regione Lazio, Assessorato Politiche Culturali; Soprintendenza Archeologica per il Lazio.

il teatro dei luoghi

Prima presentazione: Formia, piazza del Comune e Antiquarium, Fontana di S. Remigio, Tomba di Cicerone, 19 settembre 1996.

*Polvere*. Installazione. Assistenti: *Luigi Scoglio, Barbara Montironi*. Produzione: Il Pudore Bene in Vista, in collaborazione con: Giardini Pensili; Comune di Rimini, Assessorato alla Cultura. Prima presentazione: Rimini, rassegna internazionale Lada 96, Palazzo Lettimi, 31 ottobre 1996.

*Folgore Lenta (Slow Flash)*. Ideazione: *Fabrizio Crisafulli, Andreas Staudinger*. Testi: *Andreas Staudinger* in collaborazione col gruppo. Regia, scena, luci: *Fabrizio Crisafulli*. Con *Irene Coticchio, Barbara de Luzenberger*. Costumi: *Eva Coen*. Assistente alla regia: *Lucia Riccelli*. Collaborazione tecnica: *Luigi Scoglio*. Musiche: *Giardini Pensili, Peter Sculthorpe, Dimitri Shostakovich, Les Tambours du Bronx, Harald Weiss*. Produzione: Klagenfurter Ensemble, Il Pudore Bene in Vista, in collaborazione con: Bka Kunstengelegenheiten; Land Karnten Kultur; Stadt Klagenfurt Kultur.
Prima presentazione: Il Cairo, International Festival for Experimental Theater, Teatro El Hanager, 2 settembre 1997.

*Spirito dei luoghi 97: Criptoportici*. Ideazione e regia: *Fabrizio Crisafulli*. Con *Marzia Andronico, Massimo Corsaro, Fabrizio Crisafulli, Valerio Di Pasquale, Antonella Gentile, Roberta Lena, Carmen López Luna, Paola Ricci, Marcello Sambati, Maurizio Stammati, Giovanna Summo*. Con un'installazione di *Salvatore Bartolomeo*. Costumi collettivi. Progetto luci: *Fabrizio Crisafulli*. Collaborazione tecnica: *Stefania Bruno, Luigi Scoglio*. Produzione: Il Pudore Bene in Vista, in collaborazione con Crt Hormiai Teatro; Comune di Formia, Assessorato alla Cultura; Regione Lazio, Assessorato Politiche Culturali; Soprintendenza Archeologica per il Lazio.
Prima presentazione: Formia, Pescheria, Darsena della Quercia, Criptoportici romani, 19 settembre 1997.

*Locale.* Ideazione, regia, luci: *Fabrizio Crisafulli.* Coreografia e interpretazione: *Giovanna Summo.* Musiche: *Marco Schiavoni.* Produzione: Il Pudore Bene in Vista, in collaborazione con: Museo Laboratorio delle Arti Contemporanee, Università degli Studi della Tuscia e di Viterbo; Comune di Bomarzo; Associazione Pro Loco Bomarzo; Provincia di Viterbo, Assessorato alla Cultura. Prima presentazione: Bomarzo (VT), Rassegna Incantesimi, antico locale del centro storico, 27 settembre 1997.

*Fatto coi piedi. Un'uscita.* Ideazione: *Fabrizio Crisafulli, Valerio Di Pasquale, Andrea Salvadori, Giovanna Summo.* Regia, luci, opera-video: *Fabrizio Crisafulli.* Coreografia e interpretazione: *Giovanna Summo.* Installazioni: *Valerio Di Pasquale.* Interventi sonori: *Andrea Salvadori.* Produzione: Il Pudore Bene in Vista, in collaborazione con: Tuscania Teatro; Regione Lazio, Assessorato alla Cultura; Comune di Tuscania, Assessorato alla Cultura. Prima presentazione: Tuscania (VT), Rassegna Prologo, cortili del Teatro Pocci, 25 ottobre 1997.

*Itinerari silenziosi.* Intervento di scrittura-installazione per *Itinerari silenziosi*, mostra di immagini fotografiche di *Jacopo Benci.*
Prima presentazione: Roma, Galleria Change, 21 gennaio 1998.

*Il teatro dei luoghi.* Percormance-dimostrazione di lavoro. Ideazione: *Fabrizio Crisafulli, Giovanna Summo.* Regia e luci: *Fabrizio Crisafulli.* Coreografia: *Giovanna Summo.* Con: *Tanny Giser, Giovanna Summo.* Collaborazione tecnica: *Carmen López Luna.* Musiche: *Marco Schiavoni.* Produzione: Gruppo Arte Teatro Danza - Il Pudore Bene in Vista, in collaborazione con Ruota Libera Teatro.
Prima presentazione: Roma, Rassegna Teatri di festa, teatri di disturbo, Teatro Piccolo e Scuola delle Arti, 3 marzo 1998.

*Spelonca.* Installazione. Assistenti: *Valerio Di Pasquale, Carmen López Luna.* Montaggio video e sonorizzazione: *Andrea Salva-*

*dori.* Produzione: Gruppo Arte Teatro Danza – Il Pudore Bene in Vista, in collaborazione con: Galleria Comunale d'Arte Moderna e Contemporanea; Comune di Roma, Assessorato alle Politiche Culturali; Soprintendenza ai Beni Culturali.
Prima presentazione: Roma, Rassegna Lavori in corso, Galleria Comunale d'Arte Moderna e Contemporanea, ex Stabilimento Peroni, 2 aprile 1998.

*Sul posto.* Installazione. Assistente: *Carmen López Luna*. Produzione: Gruppo Arte Teatro Danza – Il Pudore Bene in Vista, in collaborazione con: Associazione "...and ARTS"; AMPS; Ministero Beni e Attività Culturali; Soprintendenza Beni Artistici e Storici di Parma e Piacenza; Comune di Parma, Assessorato alla Cultura; Provincia di Parma, Assessorato alla Cultura.
Prima presentazione: Parma, rassegna Accordi di Luce, Ponte Romano, 28 aprile 1998.

*Le Acque.* Ideazione: *Fabrizio Crisafulli, Giovanna Summo*. Regia e luci: *Fabrizio Crisafulli*. Coreografia: *Giovanna Summo*. Con *Giovanna Summo, Manuela Ventura*. Collaborazione tecnica: *Luigi Scoglio*. Musiche: *Marco Schiavoni*. Produzione: Gruppo Arte Teatro Danza – Il Pudore Bene in Vista, in collaborazione con: Grad Zero; Ministero Beni e Attività Culturali, Dipartimento dello Spettacolo.
Prima presentazione: Paliano (FR), 1° Festival di teatrodanza nella selva di Paliano, riva ed isola del lago, 19 giugno 1998

*Angelo retto.* Installazione (carboncino, luce, muro).
Prima presentazione: Roma, mostra collettiva Percezione angolare, Galleria Change, 30 giugno 1998.

*Negoziato.* Installazione. Nei video: *Fabrizio Crisafulli, Giovanna Summo*. Produzione: Gruppo Arte Teatro Danza – Il Pudore Bene in Vista, in collaborazione con Comune di Roma, Assessorato alle Politiche Culturali.
Prima presentazione: Roma, rassegna Paesaggio dopo la Batta-

glia, Libreria Fahrenheit e Galleria La Società Lunare, 9 luglio 1998.

*Teatro dei luoghi: Monteverdi, Pomarance, Castelnuovo.* Ideazione: *Fabrizio Crisafulli, Giovanna Summo*. Regia e luci: *Fabrizio Crisafulli*. Coreografia e interpretazione: *Giovanna Summo*. Collaborazione tecnica: *Salvo Caruso*. Musiche: *Marco Schiavoni*. Produzione: Gruppo Arte Teatro Danza - Il Pudore Bene in Vista, in collaborazione con Volterrateatro.
Presentazioni: Festival Volterrateatro '98, Monteverdi (PI), giardini e tetti del centro storico, 16 luglio 1998; Pomarance (PI), Teatro dei Coraggiosi, 17 luglio 1998; Castelnuovo di Val di Cecina (PI), strade e spazi verdi del centro storico, 18 luglio 1998.

*Il Bianco.* Ideazione: *Fabrizio Crisafulli, Giovanna Summo*. Regia e luci: *Fabrizio Crisafulli*. Coreografia e interpretazione: *Giovanna Summo*. Installazioni: *Fabrizio Crisafulli*. Assistente: *Salvo Caruso*. Musiche: *Marco Schiavoni*. Produzione: Gruppo Arte Teatro Danza - Il Pudore Bene in Vista, in collaborazione con Volterrateatro.
Prima presentazione: Volterra (PI), Festival Volterrateatro 98, Laboratori di alabastro Alab'Arte, Ali, Boldrini, Rossi Alabastri, 21 luglio 1998.

*Una pietra sopra.* Ideazione: *Giovanna Summo*. Regia e luci: *Fabrizio Crisafulli*. Coreografia e interpretazione: *Giovanna Summo*. Musica: *Sofia Gubaidulina*. Produzione: Gruppo Arte Teatro Danza - Il Pudore Bene in Vista, in collaborazione con: Dark Camera, Comune di Piansano.
Prima presentazione: Piansano (VT), Geografie dell'Anima. Festival di una notte, 14 agosto 1998.

*Balata.* Ideazione: *Fabrizio Crisafulli, Giovanna Summo*. Regia e luci: *Fabrizio Crisafulli*. Coreografia e interpretazione: *Giovanna Summo*. Collaborazione artistica: *Adele Mirabella*. Collaborazione tecnica: *Carmen López Luna*. Musiche: *Marco Schiavoni*. Pro-

il teatro dei luoghi

duzione: Gruppo Arte Teatro Danza - Il Pudore Bene in Vista, in collaborazione con: Officine; Città di Catania, Assessorato alla Cultura.
Prima presentazione: Catania, Rassegna Mappe, Pescheria, 9 settembre 1998.

*Spirito dei luoghi 98: Teatri in Gioco.* Ideazione e regia: *Fabrizio Crisafulli.* Con *Marcus Acauan, Marzia Andronico, Giuseppe Asaro, Massimo Corsaro, Massimiliano Pederiva, Valerio Di Pasquale, Carmen Lòpez Luna, Andrea Salvadori, Marcello Sambati, Giovanna Summo.* Con la partecipazione dei pugili: *Corrado Battaglia, Piero Boiocchi, Marco Crescenzi, Michele D'Angelo, Ciro Di Corcia, Carmine Di Fuccia, Alessandro Gardi, Carmine Molaro, Mauro Munno.* Costumi collettivi. Progetto luci: *Fabrizio Crisafulli.* Musica e sonorizzazione: *Andrea Salvadori.* Collaborazione tecnica: *Antonella Conte, Luigi Scoglio.* Produzione: Gruppo Arte Teatro Danza - Il Pudore Bene in Vista, in collaborazione con: Crt Hormiai Teatro; Comune di Formia, Settore Politiche Culturali; Regione Lazio, Assessorato Politiche Culturali; Soprintendenza Archeologica per il Lazio.
Prima presentazione: Formia, Scuola Nazionale di Atletica Leggera "B. Zauli", 24 ottobre 1998.

*Shō. La bellezza finale.* Ideazione e scrittura scenica: *Fabrizio Crisafulli, Marcello Sambati, Giovanna Summo.* Testi: *Marcello Sambati.* Regia e luci: *Fabrizio Crisafulli.* Coreografia: *Giovanna Summo.* Con *Giuseppe Asaro, Carmen López Luna, Massimiliano Pederiva, Marcello Sambati, Giovanna Summo.* Scenografia: *Valerio Di Pasquale.* Costumi: *Eva Coen.* Oggetti di scena: *Valerio Di Pasquale, Andrea Salvadori, Carmen López Luna.* Musiche: *Sofia Gubaidulina, Terry Riley, Andrea Salvadori.* Sonorizzazione: *Andrea Salvadori.* Produzione: Dark Camera, Gruppo Arte Teatro Danza - Il Pudore Bene in Vista, in collaborazione con: Presidenza del Consiglio dei Ministri, Dipartimento dello Spettacolo; Tuscania Teatro.
Prima presentazione: Roma, Teatro Sala 1, 15 dicembre 1998.

schede dei lavori realizzati

*Veleno.* Installazione (scaglie di verderame su supporto ligneo, luce sagomata, ambiente trovato).
Prima presentazione: Roma, rassegna Grottesche, galleria Bha Art, 19 febbraio 1999.

*Cammino di ronda.* Ideazione: *Fabrizio Crisafulli, Giovanna Summo.* Regia e luci: *Fabrizio Crisafulli.* Coreografia: *Giovanna Summo.* Con *Valerio Di Pasquale, Giovanna Summo.* Musiche: *Marco Schiavoni, Andrea Salvadori.* Sonorizzazione: *Andrea Salvadori.* Produzione: Gruppo Arte Teatro Danza - Il Pudore Bene in Vista, in collaborazione con: Gruppo Plua; Provincia Autonoma di Bolzano; Comune di Bolzano; Ministero dei Beni e delle Attività Culturali, Dipartimento dello Spettacolo.
Prima presentazione: Bolzano, Festival Sconfinarti/Grenzenlos, Castel Mareccio, 5 giugno 1999.

*Ninfeo.* Ideazione: *Fabrizio Crisafulli, Giovanna Summo.* Regia e luci: *Fabrizio Crisafulli.* Coreografia e interpretazione: *Giovanna Summo.* Musiche: *Marco Schiavoni, Les Tambours du Bronx.* Collaborazione tecnica: *Antonella Conte.* Produzione: Gruppo Arte Teatro Danza - Il Pudore Bene in Vista, in collaborazione con: Têtes de Bois; Regione Lazio, Assessorato alla Cultura; Comune di Genazzano; Ministero dei Beni e delle Attività Culturali, Dipartimento dello Spettacolo. Prima presentazione: Genazzano (RM), Festival Stradarolo, Ninfeo del Bramante, 17 luglio 1999.

*Pietraluce.* Installazione. Assistenti: *Fabio Manfrè, Tommaso Scibilia.* Intervento performativo-musicale della *Banda Roncati.* Produzione: Gruppo Arte Teatro Danza - Il Pudore Bene in Vista, in collaborazione con Officine e Città di Catania - Assessorato alla Cultura; Ministero dei Beni e delle Attività Culturali - Dipartimento dello Spettacolo.
Prima presentazione: Catania, rassegna di teatro urbano Mappe, Anfiteatro Romano a piazza Stesicoro, 8 settembre 1999.

***Trapezio.*** Ideazione: *Fabrizio Crisafulli, Giovanna Summo.* Regia e luci: *Fabrizio Crisafulli.* Coreografia e interpretazione: *Giovanna Summo.* Musiche: *Marco Schiavoni.* Produzione: Gruppo Arte Teatro Danza - Il Pudore Bene in Vista, in collaborazione con Stalker Teatro; Fondazione Michelangelo Pistoletto; Ministero dei Beni e delle Attività Culturali, Dipartimento dello Spettacolo. Prima presentazione: Biella, Festival Internazionale delle Arti, Cittadellarte Fondazione Pistoletto, 25 settembre 1999.

***Squ.*** Installazione. Assistenti: *Antonella Conte, Valerio Di Pasquale.* Musica e ambientazione sonora: *Andrea Salvadori.* Produzione: Gruppo Arte Teatro Danza - Il Pudore Bene in Vista, in collaborazione con: Crt Hormiai Teatro; Regione Lazio, Assessorato alla Cultura; Comune di Formia; Soprintendenza Archeologia per il Lazio; Ministero dei Beni e delle Attività Culturali, Dipartimento dello Spettacolo.
Prima presentazione: Formia (LT), Museo Archeologico Nazionale, 26 dicembre 1999.

***Lingua Stellare.*** Ideazione e scrittura scenica: *Fabrizio Crisafulli, Giovanna Summo.* Regia, spazio, luci: *Fabrizio Crisafulli.* Coreografia: *Fabrizio Crisafulli, Giovanna Summo.* Con *Giuseppe Asaro, Carmen López Luna, Massimiliano Pederiva, Giovanna Summo.* Musiche e sonorizzazione: *Andrea Salvadori.* Assistente scenografa: *Antonella Conte.* Costumi: *Carmen López Luna.* Produzione: Gruppo Arte Teatro Danza - Il Pudore Bene in Vista, in collaborazione con Ministero dei Beni e delle Attività Culturali - Dipartimento dello Spettacolo.
Prima presentazione: Roma, rassegna Danza und Tanz, Teatro Furio Camillo, 31 marzo 2000.

***Nulla da ridire.*** Installazione. Assistente: *Laura Aite.* Montaggio video: *Studio Zobit.* Musica e sonorizzazione: *Marco Schiavoni.* Produzione: Gruppo Arte Teatro Danza - Il Pudore Bene in Vista, in collaborazione con: Metropolis Europa; Comune di Roma, Assessorato alle Politiche Culturali; Ministero dei Beni e delle

schede dei lavori realizzati

Attività Culturali, Dipartimento dello Spettacolo.
Prima presentazione: Roma, rassegna Il corpo eccentrico, Centro Petralata, 13 maggio 2000.

*Uno a uno.* Ideazione: *Fabrizio Crisafulli, Giovanna Summo.* Regia e luci: *Fabrizio Crisafulli.* Coreografia e interpretazione: *Giovanna Summo.* Musiche: *Marco Schiavoni, Les Tambours du Bronx.* Assistente scenografo: *Antonella Conte.* Produzione: Gruppo Arte Teatro Danza - Il Pudore Bene in Vista, in collaborazione con: Magliano Sabina Teatro; Associazione Culturale Poliphilo; Comune di Bassano Romano; Ministero dei Beni e delle Attività Culturali, Dipartimento dello Spettacolo.
Prima presentazione: Bassano Romano (VT), Rassegna Le stanze del tempo, Palazzo Odescalchi, 24 giugno 2000.

*Numina.* Ideazione: *Fabrizio Crisafulli, Giovanna Summo.* Testi collettivi. Collaborazione ai testi: *Tiziana Colusso.* Regia, spazio, luci: *Fabrizio Crisafulli.* Coreografia: *Giovanna Summo.* Con *Giuseppe Asaro, Alessandra Cristiani, Daria Deflorian, Carmen Lòpez Luna, Sara Marchesi, Elisa Muro, Ivo Papadopoulos, Giovanna Summo, Ian Sutton, Ornella Vinti.* Costumi collettivi. Musica e sonorizzazione: *Marco Schiavoni.* Allestimento: *Antonella Conte, Sara Marchesi, Luigi Scoglio.* Produzione: Gruppo Arte Teatro Danza - Il Pudore Bene in Vista, in collaborazione con: Teatro di Roma; CRT Centro di Ricerca per il Teatro; Soprintendenza Archeologica per l'Etruria Meridionale; Comune di Cerveteri; Ministero dei Beni e delle Attività Culturali, Dipartimento dello Spettacolo.
Prima presentazione: Cerveteri, rassegna Per Antiche Vie, Necropoli Etrusca della Banditaccia, 24 agosto 2000.

*Luce Nera.* Ideazione: *Fabrizio Crisafulli, Simona Lisi.* Regia, spazio, luci: *Fabrizio Crisafulli.* Con: *Simona Lisi, Laura Aite, Annalisa Cardinali.* Musica e installazioni sonore: *Andrea Salvadori.* Costumi: *Claudia Foresi.* Assistente scenografo: *Luigi Scoglio.* Produzione: Gruppo Arte Teatro Danza - Il Pudore Bene

in Vista, in collaborazione con: AMAT; Regione Marche; Parco Nazionale dei Monti Sibillini; Provincia di Ascoli Piceno.
Prima presentazione: Amandola (AP), Festival Internazionale della Terra delle Sibille, Teatro La Fenice, 7 settembre 2000.

*Diffidate dei tromboni.* Installazione. Assistente: *Laura Aite.* Musica: *Marco Schiavoni.* Produzione: Gruppo Arte Teatro Danza - Il Pudore Bene in Vista; in collaborazione con: Gruppo Alhena; Comune di Francavilla al Mare, Assessorato alla Cultura; Ministero dei Beni e delle Attività Culturali, Dipartimento dello Spettacolo.
Prima presentazione: Francavilla al Mare (CH), rassegna Storie dello sguardo, Museo Michetti, 9 dicembre 2000

*Camera Eco.* Ideazione: *Fabrizio Crisafulli, Andreas Staudinger.* Testi: *Andreas Staudinger* in collaborazione col gruppo. Regia e luci: *Fabrizio Crisafulli.* Con *Irene Coticchio, Barbara de Luzenberger.* Scenografia: *Valerio Di Pasquale.* Costumi: *Eva Coen.* Musica e sonorizzazione: *Andrea Salvadori.* Produzione: Gruppo Arte Teatro Danza - Il Pudore Bene in Vista, Dublin International Theatre Symposium, Klagenfurter Ensemble; in collaborazione con: Ministero dei Beni e delle Attività Culturali, Dipartimento dello Spettacolo, Carte Blanche/Volterrateatro.
Prima presentazione: Dublino, International Theatre Symposium, Samuel Beckett Centre, 13 gennaio 2001

*Usq.* Installazione. Assistente: *Laura Aite.* Produzione: Gruppo Arte Teatro Danza - Il Pudore Bene in Vista, in collaborazione con: Ministero dei Beni e delle Attività Culturali- Dipartimento dello Spettacolo; Museo Nazionale d'Arte Orientale.
Prima presentazione: Roma, rassegna Oriente d'Occidente, Museo Nazionale d'Arte Orientale, 21 aprile 2001.

*Voci di dentro.* Installazione. Assistente: *Sara Marchesi.* Realizzazione: *Lisa Ambrosini, Gianluca De Dominicis, Alessandro Lucci, Roberta Muscelli, Cristina Nicoli, Gabriella Nobile, Sasha*

schede dei lavori realizzati

*Prosperi, Sergio Verzilli, Daniela Vespa*, con la partecipazione della gente del posto. Ha preso parte alla conduzione del laboratorio di preparazione: *Raimondo Guarino*. Produzione: Gruppo Arte Teatro Danza - Il Pudore Bene in Vista, in collaborazione con: Fondazione Tercas (Teramo); Regione Abruzzo; Provincia di Teramo; Comune di Mosciano S. Angelo; Pro Loco di Montone; Ministero dei Beni e delle Attività Culturali, Dipartimento dello Spettacolo.
Prima presentazione: Montone di Mosciano S. Angelo (TE), Montone Festival 2001, strade e cantine del centro storico, 3 agosto 2001.

**Battito, naso, lungo.** Installazione. Assistenti: *Carmen López Luna, Francesca Campo*. Musica: *Marco Schiavoni*. Montaggio video: *Studio Zobit*. Assistente animazione video: *Adele Mirabella*. Produzione: Centro Accettella Teatro Mongiovino; Gruppo Arte Teatro Danza - Il Pudore Bene in Vista, in collaborazione con: Regione Lazio, Assessorato alle Politiche Culturali; Comune di Anagni; Ministero dei Beni e delle Attività Culturali, Dipartimento dello Spettacolo.
Prima presentazione: Anagni (FR), Sala della Ragione del Palazzo Comunale, 25 novembre 2001.

***Il danzatore non pensava di essere visto: semplicemente non pensava.*** Installazione. Produzione: Gruppo Arte Teatro Danza - Il Pudore Bene in Vista, in collaborazione con: Cadmo; Comune di Roma, Assessorato alla Cultura; Ministero dei Beni e delle Attività Culturali, Dipartimento dello Spettacolo.
Prima presentazione: Roma, Tor de' Conti ai Fori Imperiali, 30 dicembre 2001.

**Jeannette.** Ideazione e scrittura scenica: *Fabrizio Crisafulli, Giovanna Summo*. Testi liberamente tratti da *Giovanna d'Arco* di *Maria Luisa Spaziani*. Regia e luci: *Fabrizio Crisafulli*. Coreografia: *Giovanna Summo*. Con *Alessandra Cristiani, Sabrina Cristiani, Giovanna Summo*. Scenografia: *Antonella Conte*. Costu-

mi: *Eva Coen*. Assistente costumista: *Gilda Bompresa*. Musica: *Andrea Salvadori*. Collaborazione al suono: *Marco Resovaglio*. Produzione: Gruppo Arte Teatro Danza - Il Pudore Bene in Vista; in collaborazione con Ministero dei Beni e delle Attività Culturali, Dipartimento dello Spettacolo.
Prima presentazione: Fidenza, rassegna Giostra di Maggio, Teatro Magnani, 23 maggio 2002.

*Seers*. Ideazione: *Fabrizio Crisafulli, Andreas Staudinger*. Testi: *Andreas Staudinger* in collaborazione con il gruppo. Regia, spazio, luci: *Fabrizio Crisafulli*. Con *Alessandra Cristiani, Sabrina Cristiani, Simona Lisi, Angie Mautz, Giovanna Summo*. Costumi: *Eva Coen*. Musica: *Andrea Salvadori*. Assistente alla regia: *Sara Marchesi*. Assistente alla scenografia: *Antonella Conte*. Assistente alle luci: *Michael Zelenka*. Assistente costumista: *Gilda Bompresa*. Direttore tecnico: *Karl Heinz Globotschnig*. Produzione: Gruppo Arte Teatro Danza - Il Pudore Bene in Vista e Klagenfurter Ensemble, in collaborazione con: Ministero dei Beni e delle Attività Culturali, Dipartimento dello Spettacolo; Stadt Klagenfurt Kultur; Land Karnten Kultur.
Prima presentazione: Klagenfurt, Festival Zwanzig + 3, Lieglgarage, 21 giugno 2002.

*La Corte*. Ideazione, regia e luci: *Fabrizio Crisafulli*. Coreografia: *Giovanna Summo*. Con *Simona Lisi, Giovanna Summo*. Assistente alla regia: *Sara Marchesi*. Musica: *Andrea Salvadori, Marco Schiavoni*. Produzione: Gruppo Arte Teatro Danza - Il Pudore Bene in Vista, in collaborazione con: Ministero dei Beni e delle Attività Culturali, Dipartimento dello Spettacolo; A.C.T.OR. Verona; Comune di San Martino Buon Albergo, Assessorato alla Cultura; Regione Veneto.
Prima presentazione: Marcellise di S. Martino Buon Albergo (VR), festival Itinera, Villa Orti-Manara, 29 giugno 2002.

*Roccadombra*. Installazione. Assistente: *Antonella Conte*. Collaborazione tecnica: *Donatella Gagliardi, Alessandro Lucci, Da-*

schede dei lavori realizzati

*niela Vespa.* Suono: *Marco Schiavoni.* Produzione: Gruppo Arte Teatro Danza - Il Pudore Bene in Vista, in collaborazione con: Comune di Pettorano sul Gizio - Assessorato alla Cultura; Ministero dei Beni e delle Attività Culturali - Dipartimento dello Spettacolo.
Prima presentazione: Pettorano sul Gizio (AQ), Castello dei Cantelmo, 17 agosto 2002.

***Chariot of Light Train Installation.*** Installazione. Progetto *Chariot of Light* diretto da *Benno Plassmann.* Produzione: The Working Party, in collaborazione con: Scottish Arts Council; Lottery Access and Participation Fund; Falkirk Council; The Scottish Railway Preservation Society; Scottish Natural Heritage.
Prima presentazione: Bo'ness (Scozia), vagoni del treno Bo'ness-Kinnel, 13 settembre 2002.

***Piedivento.*** Installazione, in collaborazione con *Valerio Di Pasquale.* Produzione: Gruppo Arte Teatro Danza - Il Pudore Bene in Vista, in collaborazione con: Kulturfisch Grein; Architektur Stöckl Grein; Landes Oberösterreich; Europäischen Gemainschaft-Leader.
Prima presentazione: Grein (Austria), Festival Galerie im Fluss, rive del Danubio, 12 maggio 2003.

***Anfibio.*** Ideazione, regia, luci: *Fabrizio Crisafulli.* Con *Giuseppe Asaro, Massimo Corsaro, Alessandra Cristiani, Carmen López Luna, Silvia Tarquini.* Assistenti: *Marzia Andronico, Antonella Conte.* Musica: *Andrea Salvadori.* Produzione: Gruppo Arte Teatro Danza - Il Pudore Bene in Vista, in collaborazione con: Unione Europea, Progetto Cultura 2000; Ministero dei Beni e delle Attività Culturali, Dipartimento dello Spettacolo; Provincia di Lecce; Teatro Pubblico Pugliese; Comune di Tricase; Legambiente Tricase; Astragali Teatro.
Prima presentazione: Tricase Porto (LE), rassegna Teatro nei porti del Mediterraneo, banchine, frangiflutti e piazzali del porto, 12 settembre 2003

*Et molto meravigliosi da vedere.* Installazioni nei ponti di Roma. Assistente: *Antonella Conte.* Suono: *Marco Schiavoni.* Montaggio video: *Studio Zobit.* Produzione: Gruppo Arte Teatro Danza - Il Pudore Bene in Vista, in collaborazione con: Comune di Roma, Zètema Progetto Cultura; Ministero dei Beni e delle Attività Culturali - Dipartimento dello Spettacolo.
Prima presentazione: Roma, Notte Bianca, Ponte Milvio e Ponte S. Angelo, 27 settembre 2003.

**Senti (Senso. Human noises).** Ideazione e testi: *Fabrizio Crisafulli, Andreas Staudinger.* Regia, spazio, luce, movimento: *Fabrizio Crisafulli.* Con *Giuseppe Asaro, Alessandra Cristiani, Carmen López Luna, Angie Mautz.* Costumi: Eva Coen. Musica: *Andrea Salvadori.* Assistente scenografa: *Antonella Conte.* Assistente al processo di lavoro: *Silvia Tarquini.* Produzione: Gruppo Arte Teatro Danza - Il Pudore Bene in Vista, in collaborazione con: Ministero dei Beni e delle Attività Culturali, Dipartimento dello Spettacolo; Klagenfurter Ensemble.
Prima presentazione: Roma, rassegna Vascello x 4, Teatro Ateneo, 16 dicembre 2003.

**Architettura mobile.** Installazione. Suono: *Marco Schiavoni.* Montaggio video: *Studio Zobit.* Produzione: Gruppo Arte Teatro Danza - Il Pudore Bene in Vista, in collaborazione con: MLAC; Regione Lazio; Ministero dei Beni e delle Attività Culturali, Dipartimento dello Spettacolo.
Prima presentazione: Roma, Museo Laboratorio d'Arte Contemporanea, Università degli Studi di Roma "La Sapienza", 9 gennaio 2004.

**Pietravoce.** Sistema di videoinstallazioni e ambientazioni sonore permanenti. Elaborazioni sonore: *Marco Schiavoni.* Montaggi video: *Studio Zobit.* Sistemi interattivi: *Cyberaudio.* Produzione: Gruppo Arte Teatro Danza - Il Pudore Bene in Vista, in collaborazione con: Unione Europea; Regione Lazio, Assessorato alla Cultura; Comune di Ausonia; Verdeblu s.n.c..

Inaugurazione: Ausonia (FR), Museo della Pietra, Castello medievale, 2 giugno 2004.

*Azioni di luce e luce.* Percorso di installazioni. Realizzazione: *Anouchka Brodackz, Silvia Canù, Erminia Cardone, Daniela Ciarcelluti, Monica Ciarcelluti, Simona Dzurkovà, Mary Iacchi, Sandra Mazzoni, Rita Mosca, Aischa Müller, Milka Panayotova, Fabio Sanvitale, Lorenzo Sprecacenere, Annamaria Talone, Alessio Tessitore, Gianluigi Venturini, Laura Virgili.* Suono: *Mary Iacchi, Aisha Müller, Marco Schiavoni.* Produzione: Gruppo Arte Teatro Danza - Il Pudore Bene in Vista, in collaborazione con: Associazione Le Funambole/con atto segreto, Comune di Città S. Angelo; Provincia di Pescara; Regione Abruzzo.
Prima presentazione: Città S. Angelo (PE), Festival Incontrosensi, Museo Laboratorio d'Arte Contemporanea, 9 luglio 2005.

*Forest.* Percorso installativo. Videoediting: *Stefano Felicetti.* Suono: *Marco Schiavoni.* Fonica: *Ernesto Ranieri.* Assistente scenografa: *Antonella Conte.* Produzione: Gruppo Arte Teatro Danza - Il Pudore Bene in Vista, in collaborazione con: Synergy Leo Burnett, Belgrado; Philip Morris, Serbia.
Prima presentazione: Belgrado, Muzej "25 Maj", 26 novembre 2005.

*Site Lite.* Installazione. Produzione: Gruppo Arte Teatro Danza – Il Pudore Bene in Vista, in collaborazione con Roskilde Universitet (Danimarca); Massey University (Nuova Zelanda); Accademia di Danimarca a Roma; Accademia Britannica a Roma.
Prima presentazione: Roma, Performance Design Symposium, ambienti interni ed esterni dell'Accademia di Danimarca, 27 gennaio 2006.

*Dentro il giardino.* Ideazione e regia: *Fabrizio Crisafulli.* Testi collettivi. Con *Alessandro Aliberti, Isabella Amore, Maria Vittoria Berra, Serena Ciofi, Katia Cuoco, Domenico De Cerbo, Simona Dzurkova, Valentina Iesce, Francesco Lande, Daniela Monteforte,*

il teatro dei luoghi

*Angela Nasone, Elvira Parrocchia, Paola Scialis, Annalisa Zaccheo* e *Pina Zannella.* Costumi collettivi. Video-creazioni digitali: *Silvia Tarquini.* Elaborazioni sonore: *Gianluca Casadei.* Fonico: *Roberto Di Stefano.* Tecnico luci: *Eros Leale.* Tecnico proiezioni: *Maria Cristina Nicoli.* Produzione: Gruppo Arte Teatro Danza – Il Pudore Bene in Vista, in collaborazione con compagnia Opera Prima.
Prima presentazione: Sermoneta (LT), VII Cantiere di Teatro d'Arte, Giardino degli aranci, 9 settembre 2006.

*Azione Marittima.* Installazione. Videodanza: *Alessandra Cristiani.* Video: *Gruppo Arte Teatro Danza.* Editing e ottimizzazione digitale: *Studio Picwave.* Produzione: Gruppo Arte Teatro Danza – Il Pudore Bene in Vista, in collaborazione con: Ministero dei Beni e delle Attività Culturali, Dipartimento dello Spettacolo; Regione Campania, Assessorato alla Cultura; Ente Funzionale per l'Innovazione e lo Sviluppo Regionale (Napoli).
Prima presentazione: Napoli, rassegna Civiltà delle Donne, Stazione Marittima, 4 marzo 2007.

*Orizzonte mobile.* Installazione. Montaggio video e ottimizzazione digitale: *Studio Picwave.* Collaborazione tecnica: *Maria Cristina Nicoli.* Produzione: Gruppo Arte Teatro Danza – Il Pudore Bene in Vista, in collaborazione con: Ministero dei Beni e delle Attività Culturali, Dipartimento dello Spettacolo; Università degli Studi di Salerno, Corso di Laurea DAMS.
Prima presentazione: Salerno, rassegna Intersezioni, Università degli Studi, Teatro Ateneo, 27 marzo 2007.

*Persona.* Installazione. Videodanza: *Fabrizio Crisafulli, Alessandra Cristiani.* Montaggio video e ottimizzazione digitale: *Studio Picwave.* Produzione: Gruppo Arte Teatro Danza – Il Pudore Bene in Vista, in collaborazione con: Ministero dei Beni e delle Attività Culturali, Dipartimento dello Spettacolo; Projecto Videolab (Coimbra).
Prima presentazione: Coimbra (Portogallo), Videolab Project 2007, Jardim Botânico, 29 giugno 2007.

schede dei lavori realizzati

*Erosione.* Ideazione: *Fabrizio Crisafulli, Andreas Staudinger.* Testi: *Andreas Staudinger.* Regia: *Fabrizio Crisafulli.* Con *Alessandra Cristiani, Simona Lisi, Aloisia Maschat.* Progetto luci: *Fabrizio Crisafulli.* Musica: *Andrea Salvatori.* Assistente al processo di lavoro: *Silvia Tarquini.* Elaborazioni video: *Anne Ziegenfuß.* Assistente alle proiezioni: *Maria Cristina Nicoli.* Costumi collettivi. Tecnico del suono: *Gottfried Lehner.* Tecnico delle luci: *Manfred Kratochwill.* Produzione: Gruppo Arte Teatro Danza – Il Pudore Bene in Vista, in collaborazione con: Ministero dei Beni e delle Attività Culturali - Dipartimento dello Spettacolo; Klagenfurter Ensemble.
Prima presentazione: Klagenfurt, Bergbaumuseum, 26 settembre 2007.

*Porte di luce.* Ideazione, regia, progetto luci: *Fabrizio Crisafulli.* Con *Alessandra Cristiani, Simona Lisi.* Videodanza: *Fabrizio Crisafulli, Alessandra Cristiani.* Tecnico video-animazioni: *Corrado Barbetti.* Costumi: *Eva Coen.* Musiche: *Andrea Salvadori, Marco Schiavoni.* Assistente alla regia: *Federica Vivolo.* Collaborazione tecnica: *Maria Cristina Nicoli.* Produzione: Gatd Roma, in collaborazione con: Gruppo Arte Teatro Danza – Il Pudore Bene in Vista; Ministero dei Beni e delle Attività Culturali, Dipartimento dello Spettacolo; Zètema Progetto Cultura; Comune di Roma, Assessorato Politiche Culturali; Camera di Commercio di Roma; Musei in Comune.
Prima presentazione: Roma, rassegna Musei in festa, Museo delle Mura a Porta S. Sebastiano, 28 dicembre 2008.

*Polidoro. Dialogo tra un danzatore e un cespuglio.* Installazione. Videodanza: *Fabrizio Crisafulli.* Montaggio video e ottimizzazione digitale: *Studio Picwave.* Suono: *Fabrizio Crisafulli, Marco Schiavoni.* Produzione: Gruppo Arte Teatro Danza – Il Pudore Bene in Vista, in collaborazione con: Festival Teatri di Vetro, Festival RomaEuropa.
Prima presentazione: Roma, Festival Teatri di Vetro, Città Giardino della Garbatella, lotto XIV, 15 maggio 2009.

189

*Trasparente, allegro, in movimento.* Installazione. Videodanza: *Fabrizio Crisafulli*. Produzione:
Gruppo Arte Teatro Danza – Il Pudore Bene in Vista, in collaborazione con Festival Internazionale Rifrazioni.
Prima presentazione: Nettuno, Festival Internazionale Rifrazioni, Fontana Vecchia, via Porcari, 29 luglio 2010.

*Dämmli Stück.* Ideazione e regia: *Fabrizio Crisafulli*. Con *Elisa Muro, Maria Cristina Nicoli, Lucrezia Valeria Scardigno*. Suono: *Studio Zobit*. Costumi: *BI.MI*. Produzione: Gruppo Arte Teatro Danza – Il Pudore Bene in Vista, in collaborazione con: Treffen der Freilichttheater; Zürcher Hochschule der Künste; Fondation Pro Helvetia.
Prima presentazione: Uznach (Svizzera), riva del Dämmli, festival Treffen der Freilichttheater, 5 settembre 2010.

*The Table Decided to Show Itself.* Installazione. Ideazione: *Fabrizio Crisafulli*, in collaborazione con *Vanni Delfini*. Realizzazione: *Delfini Group*. Produzione: Gruppo Arte Teatro Danza – Il Pudore Bene in Vista, in collaborazione con Delfini Group.
Prima presentazione: Praga, Prague Quadriennal of Performance Design and Space, chiesa di St. Anne, 16 giugno 2011.

*Outstanding.* Installazione di *Fabrizio Crisafulli*. Assistenti: *Floriana Cirillo, Silvia Lucarelli*.
Roma, rassegna "Accademia in Campo", Accademia di Belle Arti di Roma, sede di Campo Boario, 19 settembre 2012.

*Quel che ho visto e udito.* Ideazione, regia, progetto luci *Fabrizio Crisafulli*. Drammaturgia *Renzo Guardenti*. Con *Simona Lisi*. Musica *Andrea Salvadori*. In collaborazione con Accademia di Belle Arti di Firenze, Università degli Studi di Firenze, Compagnia Krypton.
Prima presentazione: Scandicci (FI), festival "Zoom", Teatro Studio Krypton, 12 novembre 2012.

schede dei lavori realizzati

*Die Schlafenden*. Ideazione *Fabrizio Crisafulli, Andreas Staudinger*. Regia e progetto dello spazio e dell luci *Fabrizio Crisafulli*. Drammaturgia *Andreas Staudinger*. Con *Simona Lisi, Angie Mautz, Maria Cristina Nicoli, Sigrid Elisa Pliessnig, Lucrezia Valeria Scardigno*. Sound design *Andrea Salvadori*. Technical manager *Gottfried Lehner*. Dramaturg del KE Theater *Maja Schlatte*. Produzione Gruppo Arte Teatro Danza- Il Pudore Bene in Vista, in collaborazione con KE Theater, Klagenfurt e Kulturverein Tonhof, Maria Saal.
Prima presentazione: Maria Saal (Austria), Tonhof, 24 agosto 2013.

*Lysfest*. Percorso di installazioni ideato e diretto da *Fabrizio Crisafulli*, con la collaborazione di *Bjorn Laursen* (Università di Roskilde), *Marie Berthelsen* (Comune di Roskilde), un gruppo di studenti di Performance Design dell'Università di Roskilde, gruppi teatrali, artisti e musicisti locali, la cittadinanza. Produzione Gruppo Arte Teatro Danza- Il Pudore Bene in Vista, in collaborazione con Comune di Roskilde, Kulturstroget Roskilde, Università di Roskilde, Museo d'Arte Contemporanea della città di Roskilde.
Prima presentazione: Roskilde (Danimarca), Byens Hus, Domkirke, Museet for Samtidkunst, Osga Roskilde Museum, Roskilde Kloster, Biblioteket, e strade e piazze del centro storico, 1 novembre 2013.

*La classe*. Installazione, con la partecipazione degli studenti della SDS Architettura di Siracusa: *Federica Bonaccorsi, Giuseppe Garra, Melania Raciti, Emanuele Saluzzo, Paolo Valastro*. Tutor: *Gianna Di Bona, Roberta Santacroce*. Produzione Gruppo Arte Teatro Danza in collaborazione con: Università di Catania, Scuola di Architettura di Siracusa; Comune di Siracusa; Viagrande Studios; Consorzio Universitario Archimede.
Prima presentazione: Siracusa, Festival "Onirica 2014. The Pillow Book", Scuola di Architettura, 18 luglio 2014.

il teatro dei luoghi

## Spettacoli dei laboratori condotti nelle Accademie di Belle Arti

*Il cielo non si vede mai*, Accademia di Belle Arti di Catania. Catania, Progetto "Risveglio Ufficiale del canarino", Teatrino dell'Accademia,1989.

*Tutti fitti*, Accademia di Belle Arti di Catania. Catania. Progetto "Risveglio Ufficiale del canarino", Teatrino dell'Accademia, 1989.

*Non mancano i buoni esempi*, Accademia di Belle Arti di Catania. Catania, Progetto "Risveglio Ufficiale del canarino", Teatrino dell'Accademia, Catania, 1989.

*Il Pudore Bene in Vista* (prima versione), Accademia di Belle Arti di Catania. Catania, Teatrino dell'Accademia, 1990.

*Or or*, Accademia di Belle Arti di Catania. Catania, Teatrino dell'Accademia, 1990.

*Fog-Malevič*, Accademia di Belle Arti di Catania. Catania, Teatrino dell'Accademia, 1990.

*Nik*, Accademia di Belle Arti di Catania. Catania, Teatrino dell'Accademia, 1990.

*Perturbazione Elevazione Abbassamento*, Accademia di Belle Arti di Catania. Catania, Teatrino dell'Accademia, 1990.

*Nik 2*, Accademia di Belle Arti di Catania. Catania, Teatrino dell'Accademia, 1992.

*Nathaniel*, Accademia di Belle Arti di Catania. Catania, Teatrino dell'Accademia, 1992.

schede dei lavori realizzati

*Quadri di un'esposizione*, Accademia di Belle Arti di Urbino. Urbino, Festival Teatrorizzonti, Aula-teatro dell'Accademia, 1993.

*Scena in scena*, Accademia di Belle Arti di Urbino. Rovigo, Festival Opera Prima, 1995.

*Aula*, Accademia di Belle Arti di Urbino. Urbino, rassegna Schede di Teatro, Aula-teatro dell'Accademia, 1995.

*Boite*, Accademia di Belle Arti di Urbino. Urbino, Aula-teatro dell'Accademia, 1996.

*Not at all*, Accademia di Belle Arti dell'Aquila. L'Aquila, aula di Scenografia dell'Accademia, 1997.

*Metamorfosi dei corpi*, Accademia di Belle Arti dell'Aquila, in collaborazione con altri corsi dell'Accademia e con la Società dei Concerti dell'Aquila. L'Aquila, diversi ambienti dell'Accademia, 1998.

*Tracce*, Accademia di Belle Arti di Urbino. Urbino, Aula-teatro dell'Accademia,1999.

*Il mondo sonoro di Escher*, Accademia di Belle Arti dell'Aquila, in collaborazione con altri corsi dell'Accademia e con Officina Musicale. L'Aquila, Teatro dell'Accademia, 1999.

*Sedicinoni*, Accademia di Belle Arti dell'Aquila. L'Aquila, Teatro dell'Accademia, 2001.

*Tempo di cottura*, Accademia di Belle Arti dell'Aquila. L'Aquila, Teatro dell'Accademia, 2003.

*Magnetico*, Accademia di Belle Arti di Firenze, in collaborazione con Scandicci Cultura, Teatro Studio di Scandicci, compagnia Krypton-Progetto di residenza al Teatro Studio. Scandicci (FI), Teatro Studio, 2004.

il teatro dei luoghi

*Magnetica City*, installazione. Accademia di Belle Arti di Firenze, in collaborazione con Scandicci Cultura, Teatro Studio di Scandicci, Compagnia Krypton-Progetto di Residenza Teatrale. Scandicci (FI), piazza Palmiro Togliatti, 2005.

*Quadri di un'esposizione* (nuova versione). Accademia di Belle Arti dell'Aquila. L'Aquila, Teatro dell'Accademia, 2007.

*City inside*, installazione. Accademia di Belle Arti di Firenze, in collaborazione con Scandicci Cultura, Teatro Studio di Scandicci, Compagnia Krypton. Scandicci (FI), rassegna Scenari Digitali, Teatro Studio, 2008.

*Magnetico # 2*, Accademia di Belle Arti di Firenze, in collaborazione con Scandicci Cultura, Teatro Studio di Scandicci, compagnia Krypton. Scandicci (FI), Teatro Studio, 2009.

*Passaggio*, installazione. Accademia di Belle Arti di Firenze, in collaborazione con Ministero dei Beni Culturali, Regione Toscana, Provincia di Firenze. Firenze, rassegna Start Point, Museo degli Innocenti, 2010.

*Wanderjahre*, installazione all'interno dell'omonimo spettacolo-percorso del Teatro Potlach, Accademia di Belle Arti di Roma, in collaborazione con Teatro Potlach. Fara Sabina (RI), Teatro Potlach, 2012.

*Quel che ho visto e udito*, nuova versione dell'omonimo spettacolo realizzato al Teatro Studio di Scandicci lo stesso anno. Accademia di Belle Arti di Roma, in collaborazione con DAMS RomaTre, Comune di Roma-Assessorato alla Politiche Culturali. Con *Simona Lisi*. Musiche di *Andrea Salvadori*. Collaborazione artistica di *Ernani Paterra*. Collaborazione al progetto di *Dario Evola, Raimondo Guarino, Stefano Geraci*. Roma, Scuderie della Casa dei Teatri, 2012.

## Video

*Finalmente ho capito. Danza assoluta.* Con *Fabrizio Crisafulli,* 6', 1991.

*Pei 1.* Con *Fabrizio Crisafulli,* 9', 1997.

*Pei 2.* Con *Fabrizio Crisafulli,* 9', 1998.

*Ddue.* Con *Fabrizio Crisafulli, Giovanna Summo,* 2', 1998.

*Ridire.* 5', 2000.

*Azione Marittima.* Con *Alessandra Cristiani,* 6', 2007.

il teatro dei luoghi

## Collaborazioni

Collaborazione al progetto e drammaturgia della luce di **Città Invisibili**, direzione artistica *Pino Di Buduo*, coordinamento: Teatro Potlach; équipe artistico-organizzativa: *Alberto Bassetti, Brigitte Bidovec, Fausto Bonfanti, Fabrizio Crisafulli, Pino Di Buduo, Raimondo Guarino, Nathalie Mentha, Luca Ruzza, Nin Scolari, Andreas Staudinger*; con la partecipazione di compagnie e singoli artisti di volta in volta differenti, nelle diverse versioni di **Fara Sabina** (1991), **Klagenfurt** (1992), **Malta** (1992), **Agropoli** (1994), **Maranola** (1994), **Unterach** (1995), **Liverpool** (1996).

Progetto luci di **Kain** di Friedrich Koffka, regia *Johannes Mergner*. Con *Thomas Hagen, Tillmann Schillinger, Ulrich Matejek, Max Wiegand*. Assistente alla regia *Julie Little*. Collaborazione artistica *Christel Weiler*. Suono *Dariusz Kostyra*. Costumi *Hannelore Keil*. Allestimento *Roland Urff*. Tecnica *Hermann Schmidt*. Produzione Stadttheater Giessen.
Prima presentazione: Giessen (Germania), TIL Theater, 4 dicembre 1992.

Ambientazione e luci della performance **Nuvole di Pessoa**, ideata da *Daria Deflorian*, su testo di *Fernando Pessoa*. Drammaturgia e regia *Daria Deflorian*. Con *Daria Deflorian*. Collaborazione tecnica di *Luca Calvanelli, Barbara Sartori*. Progetto "Maranola Città Invisibile" coordinato dal Teatro Potlach e diretto da *Pino Di Buduo*. In collaborazione con: Teatro Potlach; CRT Hormiai Teatro; Regione Lazio, Assessorato alla Cultura; Comune di Maranola.
Prima presentazione: Maranola (LT), strade e cortile privato del centro storico, 9 settembre 1994.

Progetto luci di **La Passione.** *Pasolini al Mandrione*, spettacolo-percorso ideato da *Daria Deflorian, Sonia La Rosa, Andrea Placidi, Claudia Rossello, Marcello Sambati*. Direzione artistica *Marcello Sambati*. Responsabile del progetto *Daria Deflorian*.

schede dei lavori realizzati

Con interventi di *Art Department, Simone Bertugno, Stalker, Centro Anziani Villa Gordiani, Gabriella Bartolomei, Scuola Popolare di Musica di Testaccio, Daria Deflorian, Claudio Morganti, Antonio Piovanelli, Il Pudore Bene in Vista, Laura Colombo & Luca Ruzza, Marcello Sambati, Franco Scaldati, Michele Abbondanza, Giorgio Rossi, Giovanna Summo, Ian Sutton* ed altri. Coordinamento tecnico *Andrea Placidi*. Consulenza per il percorso *Luca Ruzza*. Progetto fonico *Franco Spataro*. Produzione Art Department, Consorzio Mandrione, Dark Camera, Fondo Pasolini, Teatro di Roma.
Prima presentazione: Roma, Acquedotto Felice a via del Mandrione ed aree limitrofe, 3 novembre 1995.

Progetto luci di *It Is So (If You Think So)*, installazione di sculture e voci di *Kit-Yin Snyder* ispirata a *Così è, se vi pare* di Luigi Pirandello. Voci narranti *Giampaolo Innocentini, Anthony Korner*. Assistenti alle luci *Valerio Di Pasquale, Carmen López Luna*.
Prima presentazione: Roma, Galleria L'Eclisse, 1 febbraio 1996.

Progetto luci di *Stung*, regia e coreografia *Isabel Rocamora*. Codirezione *Sophy Griffiths*. Con *Lindsey Butcher, Sophy Griffiths, Isabel Rocamora*. Percussioni dal vivo *Neil Conti*. Musica *Gareth Williams*. Produzione Momentary Fusion; in collaborazione con: Foundation for Sport and the Arts; The British Council; Shiva L̠ᴛᴅ.
Prima presentazione: Birmingham (UK), MAC, 9 marzo 1996.

Progetto luci di *Canto Sospeso*, regia e coreografia *Giovanna Summo*. Con *Simona Lisi, Chiara Reggiani, Maurizio Uncinetti Rinaldelli, Ian Sutton, Federica Tardito*. Musica *Luigi Nono* e autori vari su montaggio di *Marco Schiavoni*. Costumi *Leutari '35*. Produzione Vera Stasi; in collaborazione con: Presidenza del Consiglio dei Ministri, Dipartimento dello Spettacolo; Teatro Petrella di Longiano.
Prima presentazione: Longiano, Teatro Petrella, 16 dicembre 1996.

il teatro dei luoghi

Progetto luci di **Parole Fisiche**, ideazione, regia e coreografia *Giovanna Summo*. Testi *Marcello Sambati* e *Giovanna Summo*. Con *Giovanna Summo*. Collaborazione tecnica *Carmen Lòpez Luna*. Musiche *Anonimo* (canto popolare), *Giovanna Marini*, *W.A. Mozart*. Brani sonori dall'emittente privata "Radio Gioia Paradise Amica" e da "Uccellacci uccellini" di *Pier Paolo Pasolini*. Sonorizzazione *Marco Schiavoni*. Produzione Gruppo Arte Teatro Danza - Il Pudore Bene in Vista; in collaborazione con Presidenza del Consiglio dei Ministri, Dipartimento dello Spettacolo.
Prima presentazione: Bologna, Teatro Le Moline, 17 aprile 1998.

Regia e progetto luci di **Adolf Wölfli**, spettacolo musicale ideato da *Esther Flückiger*. Musica *Regina Irman*. Strumentisti *Regina Irman, Felix Perret, Remo Signer, Esther Flückiger*. Voce recitante *Liliana Heimberg*. Mezzosoprano *Barbara Sutter*. Assistente alle luci *Valerio Di Pasquale*. Produzione Fondazione Pro Helvetia.
Prima presentazione: Roma, Galleria Sala 1, 5 ottobre 1998.

Progetto luci di **L'Opera delle Farfalle**, testo e regia *Marcello Sambati*, coreografia *Giovanna Summo*. Con *Michela Benedetti, Carola De Berardinis, Alessandra Cristiani, Chiara De Angelis, Gloria Desideri, Simona Lisi, Costanza Saccarelli, Elisa Saccarelli, Giovanna Summo*. Musiche *Andrea Salvadori*. Suoni *Marco Ariano*. Scenografia *Valerio Di Pasquale*. Costumi *Cristina Gaetano, Marcella Giardini*. Produzione Dark Camera, Gruppo Arte Teatro Danza - Il Pudore Bene in Vista; in collaborazione con: Teatro di Roma; Tuscania Teatro; Ministero Beni e Attività Culturali, Dipartimento dello Spettacolo.
Prima presentazione: Civitavecchia, Teatro Comunale, 18 febbraio 2000.

Progetto luci di **Terre, terre, terrò**, scrittura scenica *Giovanna Summo* su testi di *Federico Garcia Lorca, Jerome Robbins*. Regia *Giovanna Summo*. Coreografia *Giovanna Summo, Ian Sutton*. Con *Giovanna Agostini, Simonetta Alessandri, Giuseppe Asaro*,

schede dei lavori realizzati

*Laura Bruno, Alessio Castellacci, Alessandra Cristiani, Claudia Dell'Era, Angela De Zotti, Pasquale Esposito, Ricchezza Falcone, Rosita Oriolo, Chicco Passalacqua, Patrizia Picano, Francesco Pizzirusso, Giovanna Summo, Ian Sutton, Marco Ubaldi, Ornella Vinti.* Musica *Edgar Varèse.* Musica dal vivo *Marco Ariano.* Costumi *Fernanda Pessolano.* Fonica *Marco Resovaglio.* Produzione Gruppo Arte Teatro Danza - Il Pudore Bene in Vista; in collaborazione con Ministero Beni e Attività Culturali, Dipartimento dello Spettacolo.
Prima presentazione: Roma, Festival di Primavera, Teatro Vascello, 18 giugno 2001.

Progetto luci di **Bellini Performing Opera**, spettacolo di musica, danza, visioni. Musiche di *Vincenzo Bellini, Angelo Sturiale*, eseguite dall'*Orchestra dell'Accademia di Arte Musicale di Plovdiv*, direttore *Dario Grasso*, soprano *Renata Campanella*. Coreografie *Gaetano Battezzato, Marina Blandini*. Con *Gaetano Battezzato, Karinne Flavigny, Marie-Zénobie Harlay*. Videoinstallazione *Geert Mul*. Produzione Officine; in collaborazione con: Città di Catania, Assessorato alla Cultura.
Prima presentazione: Catania, rassegna *Mappe*, Zo Centro Culture Contemporanee, 2 novembre 2001.

Regia luci di **Music for Philosophers**, concerto-spettacolo ideato da *Valerio Borgianelli Spina, Stefano Sanzò, Sabrina Alfonsi*. Musiche *Steve Reich, Daniele Del Monaco, Enrico VIII*, eseguite da Ready Made Ensemble. Direttore *Gianluca Ruggeri*.
Prima presentazione: Roma, Teatro Spazio Uno, 5 aprile 2002.

Regia luci di **Il Suono Giallo**, composizione scenica di *Vasilij Kandinskij*. Musica composta e diretta da *Giancarlo Schiaffini*. Esecutori dal vivo: *Massimo Coen* (violino), *Davide Granato* (chitarra), *Giancarlo Schiaffini* (trombone), *Silvia Schiavoni* (voce), *Michele Rabbia* (percussioni), *Alex Vicard* (contrabbasso). Coreografia *Diego Watzke*. Con i danzatori *Vittorio Mazzoni, Ugo*

*Ranieri, Maria Amoruso, Cristina Saso, Roberta De Intinis, Elisabetta Magliulo, Ottavia Cocozza, Diego Watzke, Edmondo Tucci, Paolo Nocera.* Realizzazione video *Marco Amorini.* Costumi *Raffaella Riccio.* Produzione Festival Amiternum.
Prima presentazione: L'Aquila, Festival Amiternum, Teatro Romano di Amiternum, 21 luglio 2002.

Progetto luci di **Chariot of Light**, spettacolo-percorso ideato da The Working Party. Testi *Anita Sullivan.* Regia *Benno Plassmann.* Assistente alla regia *Martin Danzinger.* Coreografia *Jane Simpson.* Con *Robbie Jack, Toni Frutin, Alastair Edwards, Nick Underwood,* e con la partecipazione di un gruppo di giovani danzatrici locali e della gente del posto. Costumi *Alex Rigg.* Assistente costumista *Katie Bruce.* Musica e suono *Giles Lamb.* Assistente musica e suono *Mairi McGregor.* Pirotecnica *Ainsley Law.* Direzione organizzativa *Pip Hill.* Direzione di scena *Pamela Spence.* Direzione tecnica *Colin L. Davidson.* Produzione: The Working Party, Glasgow; in colloborzione con Scottish Arts Council; Lottery Access and Participation Fund; Falkirk Council; The Scottish Railway Preservation Society; Scottish Natural Heritage.
Prima presentazione: Bo'ness (Scozia), deposito di carbone di Bo'ness, strade urbane, antico tratto ferroviario Bo'ness-Kinnel e relative stazioni, treno, tratti di campagna e di costa dell'ex zona mineraria, 13 settembre 2002.

Scenografia e progetto luci di **Dry Clean Show**, ideazione, costumi, regia *Lisa D.*; musica *Reinhold Friedl/Zeitkratzer*; coreografia *Milli Bitterli*; testi *Fridtjof Küchemann, Wilfried Prantner*; drammaturgia *Wilfried Prantner*; danzatori *Celine Bacque, Anna Holter, Lucia Kasiarová, Mirjam Klebel, Laia Puig Escandell, Sabile Rasiti, Nicole Rutrecht, Linda Samaraweerová, Astrid Seidler*; modelle *Urnaa Ganbold, Maren Kessler, Marlene Landauer, Mareike Löhrs, Sophie Reinhold, Viktoria Ruth, Tabea Werich*; musicisti in scena *Reinhold Friedl, Marc Weiser, Burkhard Schlothauer, Frank Gratkowski, Melvin Poore, Maurice*

*de Martin, Franz Hautzinger, Uli Phillipp, Ralf Meinz*; assistente costumista *Amelie Blendl*, assistente alla regia *Sandra Krieger*, assistente scenografia e luci *Antonella Conte*. Produzione: Steirischer Herbst; Graz Capitale Europea della Cultura 2003.
Prima presentazione: Graz (Austria), Steirischer Herbst Festival, Helmut List Halle, 21 novembre 2003.

Scenografia e progetto luci di **Svet Jednog Cveta**, regia *Tatjana Stankovic*; coreografia e assistenza alla regia: *Damjan Kecojevic*; musica: *Aleksandar Lokner*; costumi e figure: *Maja Studen, Balancevic*; Supervisione generale: *Zoran Lazic*; con *Nenad Radovic, Tatjana Stankovic, Slavica Djordjevic, Jovana Cvetkovic, Damijan Kecojevic*. Produzione Teatro Duško Radovič, Belgrado.
Prima presentazione: Belgrado (Serbia), Teatro Duško Radovič, 25 luglio 2004.

Dal 2004 Crisafulli ha abbandonato le collaborazioni e si dedica esclusivamente alla propria ricerca teatrale e ai laboratori.

# Crediti fotografici

Serafino Amato  72, 106, 118
Giuseppe Angeli  46
Massimiliano Botticelli  58 alto, 142
Maurizio Buscarino  58 basso, 103 basso
Alessandra Carrer  69 destra
Lidia Crisafulli  17 basso, 35, 37, 80, 99 basso, 111, 113
Urbano Desprini  49 alto
Marilena Di Silvestre  70
Caterina Duzzi  69 sinistra
Franco Furoncoli  86
Robert Goldstein  34
Grenzenlos  82 sinistra
Günther Jagoutz  78, 82 destra
Udo Leitner  66
Enrico Monaco  109
Francesca Montani  57
Davide Monteleone  158
Poul Erik Nikander  87, 88, 90, 116
Milka Panayotova  44 alto
Paolo Pace  154, 155
Sebastiana Papa  146, 149, 150, 151, 152
Massimo Siragusa  17, 85, 103 alto, 161
Treffen der Freilichttheater  30 basso, 93, 94, 120, 122
Sheyda Vatankhah  83
Videolab Coimbra  41 destra

Artdigiland è un'attività editoriale che offre – attraverso l'editoria digitale e il broadcasting – interviste esclusive ad artisti internazionali. E saggi, monografie, biografie, raccolte di materiali.

Artidigland è anche una community web di autori, curatori, videomaker. Visita, sul nostro sito, la sezione CONTENT LAB: http://www.artdigiland.com/content-lab/

Vi invitiamo a sottoscrivere la nostra newsletter per essere informati sulle nuove uscite, sui nostri eventi e sulle offerte riservate ai nostri lettori: http://www.artdigiland.com/newsl

http: //artdigiland.com

Per informazioni: www.artdigiland.com
Per contatti: info@artdigiland.com

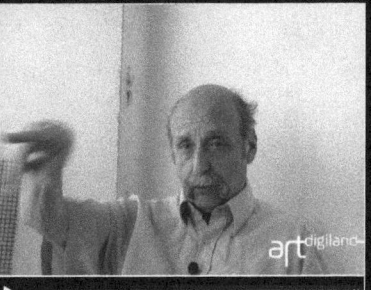

intervista a Marc Scialom
a cura di Silvia Tarquini

intervista a Fabrizio Crisafulli
a cura di Enzo Cillo

intervista a Beppe Lanci
a cura di Monica Pollini

intervista a Adriana Berselli
a cura di Vittoria Caratozzolo

intervista a Eugene Green
a cura di Federico Francioni

intervista a Luca Bigazzi
a cura di Alberto Spadafora

**Di Fabrizio Crisafulli Artdigiland ha pubblicato:**

ACTIVE LIGHT.
Issues of Light in Contemporary Theatre
by Fabrizio Crisafulli
foreword by Dorita Hannah, 2013

This book looks at various important events relating to the poetics of light in theatre production in the West in the twentieth century, from the great reformists at the beginning of the century to contemporary artists such as Josef Svoboda, Alwin Nikolais and Robert Wilson. The intention isn't to outline a somewhat organised history of stage lighting, instead it is an attempt to identify some basic issues concerning its use. Lighting issues are unshackled from the limited contexts of technique and image, where they often end up only to be relegated, and examined in the context of the performance's space/time structure, poetic and dramatic construction, and the relationship with the performer. A section dedicated to the theatrical work of the author outlines the distinctive point of view behind the book.

LUMIERE ACTIVE.
Poétiques de la lumière dans le théâtre contemporain
par Fabrizio Crisafulli
préface de Anne Surgers
traduit de l'italien par Marc Scialom

Cet ouvrage revisite, du point de vue des poétiques de la lumière, quelques épisodes importants de la mise en scène théâtrale au XXe siècle, depuis les grands réformateurs des premières décennies jusqu'à divers artistes contemporains tels que Josef Svoboda, Alwin Nikolais, Robert Wilson. Non pour proposer une histoire plus ou moins organique de la lumière au théâtre, mais pour tenter de préciser, relativement à son utilisation, certaines questions fondamentales. S'affranchissant des contextes étroits de la technique et de l'image dans lesquels on tend souvent à les enfermer, les problématiques de la lumière sont examinées ici sous d'autres angles, ceux de la structure spatio-temporelle du spectacle, de la construction dramatique, de la création poétique, de l'action, du rapport avec le performer. Une partie de l'ouvrage est consacrée au travail théâtral de l'auteur. Elle documente le point de vue particulier sur lequel sa réflexion se fonde, point de vue suscité et enrichi par son expérience personnelle de metteur en scène.

**Su Fabrizio Crisafulli Artdigiland ha pubblicato:**

PLACE, BODY, LIGHT.
The Theatre of / Il teatro di Fabrizio Crisafulli. Twenty Years of Research / Venti anni di ricerca 1991-2011 edited by / a cura di Nika Tomašević, foreword by / prefazione di Silvana Sinisi, 2013

Luogo, Corpo e Luce sono i termini sui quali si incentra la ricerca teatrale di Fabrizio Crisafulli. Una ricerca che mette in discussione dalle fondamenta le pratiche performative, tentando di risalire alla forza originaria del teatro, rivendicandone allo stesso tempo necessità ed efficacia nel contemporaneo. Vi si incontrano danza e architettura, teatro e senso del territorio, performance del corpo e azione poetica della luce. I suoi lavori, poetici e visionari, ipnotici e sospesi, altamente emozionali e insieme filosofici, producono immaginifici scambi tra archetipi e mondo attuale. Un percorso intenso, ricostruito attraverso interviste, testimonianze, recensioni, dati e immagini riguardanti gli spettacoli e le installazioni realizzati dal 1991 al 2011.

Fabrizio Crisafulli's theatre research centres on Place, Body and Light, and challenges performance practices at their very foundations, in an attempt to reclaim the original potency of theatre and its relevance and effectiveness in contemporary times. This is where dance meets architecture, drama meets territory, and the performance of the body meets poetic light. Crisafulli's works - poetic and visionary, hypnotic and deeply emotional, full of life and irony - are revealed through interviews, personal accounts, critiques, information and photos related to performances and installations created between 1991 and 2011.

## LA LUCE NECESSARIA.
Conversazione con Luca Bigazzi
a cura di Alberto Spadafora
prefazione di Silvia Tarquini, 2012 - II ed. agg. 2014

Un libro intervista che "illumina" aspetti non noti delle migliori opere cinematografiche italiane degli ultimi trent'anni. La narrazione di Luca Bigazzi – direttore della fotografia e insieme operatore di macchina – raccoglie con coerenza caratteri tecnici, artistici ed etici del lavoro sul set. Bigazzi racconta la genesi del suo modo di lavorare libero da regole codificate, i motivi delle sue scelte professionali, la luce che ama, le ragioni della sua passione per lo stare in macchina. Come "controcampo", le testimonianze di 24 protagonisti del cinema italiano, tra registi, attori, produttori, fotografi di scena e collaboratori.

## THE GREAT BEAUTY.
Told by Director of Photography Luca Bigazzi
Alberto Spadafora (ed. by), 2014

Luca Bigazzi is one of Italy's most acclaimed award-winning directors of photography (DOP). His life has been dedicated entirely to the best of independent Italian cinema (not counting his work with Abbas Kiarostami). He has worked with directors such as Mario Martone, Gianni Amelio, Ciprì e Maresco, Silvio Soldini, Carlo Mazzacurati, Antonio Capuano, Leonardo Di Costanzo and Andrea Segre, and has been working with Paolo Sorrentino since *The Consequences of Love* in 2004. In this interview, edited by the photographer and film critic Alberto Spadafora, the Italian cinematographer talks about *The Great Beauty*, prizewinner of the Academy Award for Best Foreign Language Film of 2014.

## IL MIO ZAVATTINI.
Incontri percorsi sopralluoghi
di Lorenzo Pellizzari, 2012

Il libro raccoglie quanto Pellizzari ha scritto e pensato su Zavattini da quando era ragazzo ad oggi, insieme ad una storica intervista, in cui Zavattini si concede forse come mai; documenta un lungo rapporto intellettuale e personale, fatto di infinite riflessioni, desideri, slanci, critiche, pentimenti, ripensamenti; e rivela l'ininterrotto impegno del critico a capire, da una parte, e a "stimolare", quasi, dall'altra, il suo personaggio. Un impegno appassionato e civile, e insieme sedotto dalla qualità giocosa della scrittura zavattiniana.

### LE OMBRE CANTANO E PARLANO.
Il passaggio dal muto al sonoro nel cinema italiano attraverso i periodici d'epoca (1927-1932)
di Stefania Carpiceci
prefazione di Adriano Aprà, vol. I, 2012

L'intento di questo libro è quello di indagare, in Italia, il passaggio dal cinema silenzioso delle origini ai nuovi fonofilm. A fare da mappa sono soprattutto le riviste e i periodici cinematografici nazionali d'epoca, analizzati a partire dal 1927 – anno della prima proiezione americana del *Cantante di jazz*, pellicola che notoriamente decreta la nascita ufficiale e internazionale del cinema sonoro – fino al 1932, data di adozione del doppiaggio in Italia. Undici film sono poi scelti e analizzati come casi rappresentativi delle questioni messe in campo dal sonoro.

### LE OMBRE CANTANO E PARLANO.
Il passaggio dal muto al sonoro nel cinema italiano attraverso i periodici d'epoca (1927-1932)
di Stefania Carpiceci, vol. II Apparati, 2013

Il volume II di *Le ombre cantano e parlano* propone una mappatura ragionata dei maggiori periodici cinematografici dell'epoca: «L'Argante», «Cine-Gazzettino», «Cinema Illustrazione», «Il Cinema Italiano», «Cinema-Teatro», «La Cinematografia», «Il Cine Mio», «L'Eco del Cinema», «Kines», «La Rivista Cinematografica», «Rivista Italiana di Cinetecnica» e «Lo Spettacolo Italiano». Ad essi si aggiungono due riviste teatrali, «Comoedia» e «Il Dramma», e un quotidiano, «Il Tevere», particolarmente attenti al cinema. Le testate sono scandagliate in relazione ai vari aspetti del passaggio dal muto al sonoro. Altro osservatorio privilegiato sono naturalmente i film, dei queli si riporta il repertorio.

### RITA HAYWORTH.
Cinema, danza, passione
di Claudio Valentinetti
prefazione di Lorenzo Pellizzari, 2014

Una sterminata filmografia, più di sessanta titoli, anche se pochi sono quelli folgoranti, "Sangue e arena", "La signora di Shanghai", "Gilda". Cinque mariti, tra cui il genio Orson Welles e l'"imam" Ali Khan, e molti grandi partner sul set. Un mito costruito dalla Mecca del Cinema di quegli anni per mano di sapienti produttori e di abili registi: Charles Vidor, Rouben Mamoulian, Howard Hawks, William Dieterle, Henry Hathaway, Raul Walsh e, ovviamente, Welles. Una vita durissima: un lungo lavoro per raggiungere il successo, prima come ballerina, negli spettacoli e nella scuola di flamenco della sua famiglia, i Dancing Cansinos, e poi come attrice. Senza mai ottenere quello che piu' desiderava: la felicità familiare.

## L'AVVENTURA DI UNO SPETTATORE.
### Italo Calvino e il cinema.
### a cura di Lorenzo Pellizzari, 2015

Nel trentennale della scomparsa dello scrittore, Artdigiland celebra Italo Calvino con l'uscita di questa nuova edizione ampliata del lavoro di Lorenzo Pellizzari. Il libro ripercorre le poche ma fruttuose relazioni di Calvino con il cinema italiano ma soprattutto sviluppa un viaggio in un immaginario che dal cinema prende le mosse. Si parte da quanto Calvino racconta nella sua *Autobiografia di uno spettatore*, del '74, prefazione al volume *Fellini: quattro film*, si attraversano racconti, romanzi, saggi critici individuando l'imprinting cinematografico, e si arriva al "segno calviniano" di non poche opere del cinema e del disegno animato contemporanei.

## MARC SCIALOM. IMPASSE DU CINEMA.
### Esilio, memoria, utopia / Exil, mémoire, utopie.
### a cura di / sous la direction de Mila Lazić, Silvia Tarquini
### prefazione di / préface de Marco Bertozzi, 2014

Marc Scialom, ebreo di origini italiane, toscane, poi naturalizzato francese, nasce a Tunisi nel 1934. Dopo le persecuzioni naziste nel '43 in Tunisia, le ripercussioni sugli Italiani, meccanicamente associati al fascismo nel periodo dell'"epurazione", e la strage di Biserta (1961) – che Scialom denuncia nel corto *La parole perdue* (1969) –, si trasferisce in Francia. La sua vita si intreccia, "mancandola", con la storia del cinema: a Parigi il lungometraggio *Lettre à la prison* (1969-70), realizzato senza un produttore e quasi "clandestinamente", non è sostenuto dai suoi amici cineasti, tra cui Chris Marker. Deluso, Scialom chiude il film in un cassetto. Torna alle sue origini, allo studio della lingua e della letteratura italiane. Traduce la *Divina Commedia* (Le Livre de Poche, 1996). Dopo il ritrovamento di *Lettre à la prison*, il restauro e la presentazione nel 2008 al Festival International du Documentaire di Marsiglia, Scialom torna al lavoro cinematografico con *Nuit sur la mer* (2012).

## LETTRE A LA PRISON DE MARC SCIALOM.
### Le film manquant
sous la direction de Mila Lazić, Silvia Tarquini, 2014

Le livre présente, en français seulement, la partie consacrée à *Lettre à la prison* dans l'ouvrage bilingue - italien et français - *Marc Scialom. Impasse du cinéma. Esilio, memoria, utopie / Exil, mémoire, utopie*, sous la direction de Mila Lazić et Silvia Tarquini (2012). Le livre source est consacré à l'oeuvre de Scialom - cinématographique et littéraire - dans son ensemble, et approfondit sa relation avec la *Divine Comédie* de Dante Alighieri. Ce volume restitue à l'histoire du cinéma la mémoire historique et cinématographique cristallisée dans l'aventure, au sens antonionien, de , tourné avec une caméra prêtée par Chris Marker, puis englouti dans un abîme bien précis, personnel et historique. La préface de Marco Bertozzi cite Alberto Grifi, Chris Marker et Jean Rouch, filmmakers "dépaysés", constamment à la recherche, à travers le cinéma, d'un contact avec la réalité.

## LES AUTRES ETOILES.
de Marc Scialom
roman, préface de Frédérick Tristan, 2015

«Voici donc ce que je souhaitais réussir : le lecteur serait plus ou moins perdu tout au long de mon livre, perdu mais accroché, avec le sentiment croissant de frôler une chose intense, de l'entrevoir dans un brouillard, de supposer cette chose peut-être à tort, un peu comme un rêveur sur le point de s'éveiller voit parfois poindre à travers les volutes et sous les masques de son rêve une vérité douteuse, douteuse mais imminente, cela jusqu'aux dernières pages - puis tout à coup il comprendrait : rétrospectivement sa lecture indécise lui deviendrait claire parce qu'il découvrirait, lovée au coeur de la spirale et hors littérature, la scène première dont le livre est sorti».

www.ingramcontent.com/pod-product-compliance
Lightning Source LLC
Chambersburg PA
CBHW070843160426
43192CB00012B/2285